"十二五"职业教育国家规划教材
经全国职业教育教材审定委员会审定
高等职业技术院校市场营销专业任务驱动型教材

MARKETING MANAGEMENT

推销技术

（第二版）

主　编：顾春燕　束惠萍
主　审：李昆益

中国劳动社会保障出版社

图书在版编目(CIP)数据

推销技术/顾春燕，束惠萍主编. —2 版. —北京：中国劳动社会保障出版社，2015
高等职业技术院校市场营销专业任务驱动型教材
ISBN 978-7-5167-1184-2

Ⅰ.①推… Ⅱ.①顾… ②束… Ⅲ.①推销-高等职业教育-教材 Ⅳ.①F713.3

中国版本图书馆 CIP 数据核字(2015)第 314997 号

中国劳动社会保障出版社出版发行
(北京市惠新东街 1 号 邮政编码:100029)

*

北京市白帆印务有限公司印刷装订 新华书店经销
787 毫米×1092 毫米 16 开本 8.5 印张 189 千字
2016 年 1 月第 2 版 2021 年 6 月第 4 次印刷
定价：18.00 元

读者服务部电话:(010)64929211/84209101/64921644
营销中心电话:(010)64962347
出版社网址：http：//www.class.com.cn
http：//jg.class.com.cn

简介

本书为“十二五”职业教育国家规划教材，根据高等职业技术院校市场营销专业教学实际编写。

推销技术是市场营销专业的一门重要专业课程。市场营销即发现并满足客户需求的过程，而推销的作用是将产品送至客户、最终实现产品的价值。因而，推销是市场营销过程中极为重要的一环。

本书按照推销的基本流程设置教学内容，主要介绍了推销的基本原理以及常用推销技术和推销方法，具体内容包括：定位顾客、推销接近、推销洽谈、异议处理、达成交易和售后管理。在编写上，本书采用了任务驱动的思路，以任务为载体，使学生在具体的营销情境下边学边做，逐步具备以下几方面的能力：在商品交易之前，成功寻找并接近顾客的能力；在商品交易过程中，运用适当的洽谈技巧及顾客异议处理技巧，促成交易的能力；在商品交易之后，合理管理客户资料，处理客户投诉和回收货款的能力。

本书由顾春燕、束惠萍任主编，李冬梅、蒋小明参加编写；李昆益任主审。其中，学习情境一、学习情境四由束惠萍编写，学习情境二、学习情境三由顾春燕编写，学习情境五、学习情境七由李冬梅编写，学习情境六由蒋小明编写。

目 录 CONTENTS

学习情境一　认识推销

知识、能力框图

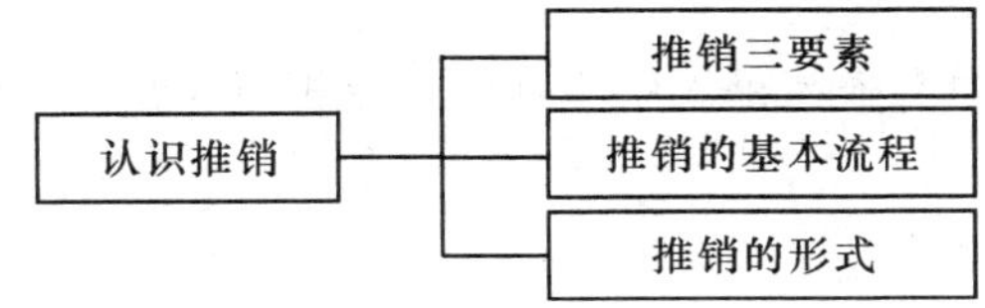

案例引入

恩丽雅公司生产美发产品，如洗发水、护发素、定型水、染发剂等。公司在新年度招收推销人员，经过初试筛选，最终剩下两个候选人，公司决定用实践性的考核方式来测试两位应聘者的推销能力。

测试内容：产品推销。

1. 产品：恩丽雅公司新产品系列；
2. 时间：三个月；
3. 片区：甲——城东，乙——城西；
4. 公司广告宣传：无；
5. 试用品：有；
6. 评价指标：销售额（可量化指标），铺市广度（不可量化指标）。

三个月后，两位候选人回公司汇报销售成果。甲的销售业绩为 87 000 余元，销售对象主要是各大百货公司和大型超市；乙的销售业绩为 53 000 余元，销售对象主要是理发店及社区居民。

公司请他们分别讲述销售经过。

甲说，消费者购买该类美发产品，大多是在各大百货公司和大型超市。所以他将主要的精力投入到城东的这两类地方，想尽一切办法说服百货公司和大型超市的总经理及产品经理，让恩丽雅公司的产品上货架。（甲的销售业绩很出色，但铺市效果还需静观发展。）

乙说，展开推销活动之前，他仔细分析了恩丽雅公司美发产品的特点，认为恩丽雅的产品历来都是先取得消费者的好感，而后再大力推进销售活动。于是他频繁地出入城西的各个大小理发店，就恩丽雅美发产品的优点与特点进行说明，并说服了相当数量的理发店开始使用。由于这种美发产品是理发师所选用的，无形之中，使恩丽雅公司的这一新产品系列有了特殊的吸引力，使消费者感到这种美发产品比起在其他商店能够随便买到的同类产品更具魅力，进而对这一新产品产生了好感，扩大了知名度。同时，他还经常在城西各社区内向居民做产品宣传，请顾客试用，征求顾客意见。有些居民试用后购买了产品，不少居民则表示以后有购买意向。（乙的销售业绩不如甲，但铺市效果表现突出。）

案例分析

上面的案例，虽然推销客体（恩丽雅产品）是相同的，但是作为推销主体的甲、乙两位推销人员，分别找了不同的推销对象进行推销，并在推销的过程中运用了不同的推销方式和策略，从而产生了不同的推销效果。

实际上，在现实生活中，推销是无所不在的，掌握推销的概念、要素和基本流程对推销人员日后的工作有很大帮助。

相关知识

推销，是指通过说服目标受众接受其所推荐的标的物的过程。

推销有狭义和广义之分。狭义的推销指推销人员向顾客推荐产品，并说服顾客购买。广义的推销指推广者向目标受众推荐某种事物（有形产品与无形产品），说服其接受乃至采取相应的预期行动。广义的推销包括人员推销、广告推销、营业推广和公共关系等多种形式。

本书中提到的“推销”主要是狭义的推销。

一、推销三要素

推销对象（顾客）、推销主体（推销员）和推销客体（推销品）一同构成了推销三要素，如图1—1—1所示。在现代市场营销理念指导下，顾客始终是任何营销和推销活动的中心。

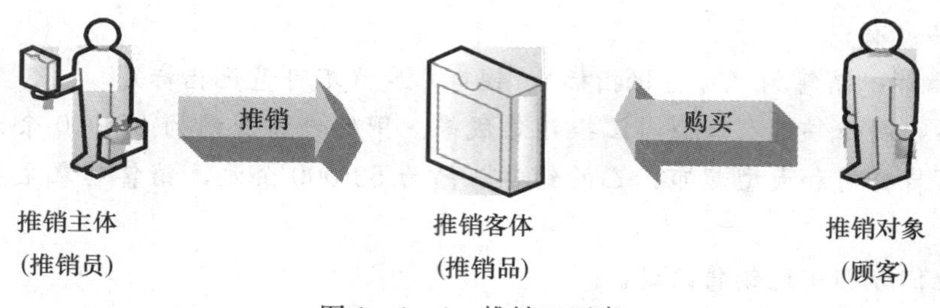

图1—1—1　推销三要素

1. 推销对象

推销对象又称客户、顾客或购买者，是指接受推销品的目标受众。例如上述案例中的百货商店、超市、理发店、社区居民等都属于推销对象。

推销对象有下列几种常见的说法。

（1）消费者与组织顾客。根据购买者特点及购买目的，一般将顾客分为消费者与组织顾客。消费者是为个人和家庭消费而发生购买、接受服务的顾客。组织顾客是对企业产品和服务产生需求的各种组织机构。例如，上述案例中购买产品为个人使用的社区居民就属于消费者，购买产品为达到经营及服务目的的百货商店、超市和理发店则属于组织顾客。

（2）潜在顾客、准顾客和现实顾客。按照顾客购买目标的选定及需求意愿的表现程度，可以将顾客分为潜在顾客、准顾客和现实顾客。潜在顾客是指有大致的购买目标，也有一定的购买需求和购买力，但具体要求还不明确的顾客。准顾客是指有购买产品（接受服务）的可能性，且具备购买资格的人或组织。现实顾客是指已经达成购买行为或需求已经得到满足的顾客。寻找顾客的实质就是在潜在顾客中寻找有潜力的准顾客，通过努力将其转化为现实顾客，扩大市场份额。对潜在顾客与现实顾客的争夺是通过市场竞争来实现的。上述案例中没有购买产品的理发店和社区居民都属于潜在顾客，有购买意向的社区居民属于准顾客，已经购买产品的百货商店、超市、理发店和社区居民则属于现实顾客。

2. 推销主体

推销主体是指从事推销活动的人员。例如，上述案例中的甲、乙两人就是推销主体。推销活动最基本的特征就在于推销人员主动去说服、引导并满足顾客的需求。推销主体的素质以及推销手段、推销方法和推销技巧，在很大程度上决定着推销效率的高低。上述案例中的两个应聘者代表着营销工作中两种不同类型的人员，各有特点。甲具有善于观察事物和推理判断的能力，善于发现和开拓市场，并敢于操作，果断地实现销售；乙通过对产品的分析研究，大胆创意，精心策划，目光长远地将新产品与理发店结合起来，让消费者通过消费活动切身体验新产品，博得消费者的好感，成功地完成了新产品的铺市活动。主动向目标受众推销的推销主体，在推销活动中起决定性作用，对企业而言非常重要。甲、乙两位销售人员都属于企业的优秀推销人才。而乙能眼光独到地通过理发店来推广新产品，为将来的铺市打下了坚实基础，更是难能可贵。

3. 推销客体

推销客体是指推销的目标，也称为推销品，如上述案例中的美发产品。推销客体包括有形产品（如计算机、重型机械）和无形产品（如家政服务、旅游）。推销客体必须满足两个条件：一是满足顾客的某种需求，如一块面包可以满足一个饥饿者的需求；二是推销客体本身是分层次的，如 5 元一只、200 元一只、10 万元一只的手表，它们能满足不同层次的需求，因此都有各自的目标市场。

二、推销的基本流程

一个完整的推销流程可以划分为：寻找顾客、推销接近、推销洽谈、顾客异议处理、达成交易、售后管理等阶段，如图 1—1—2 所示。其中各个环节是相互联系、渗透、转化的，任何环节对推销工作的成败都有着巨大的影响。把推销活动看作一个流程并划分为不同阶段，有利于进行科学推销，避免盲目性。这里需要指出的是：第一，推销过程是复杂多变的，应全面、发展地看待推销流程及其不同阶段；第二，并非每一次成功的推销活动都必须逐一地经过这些阶段。

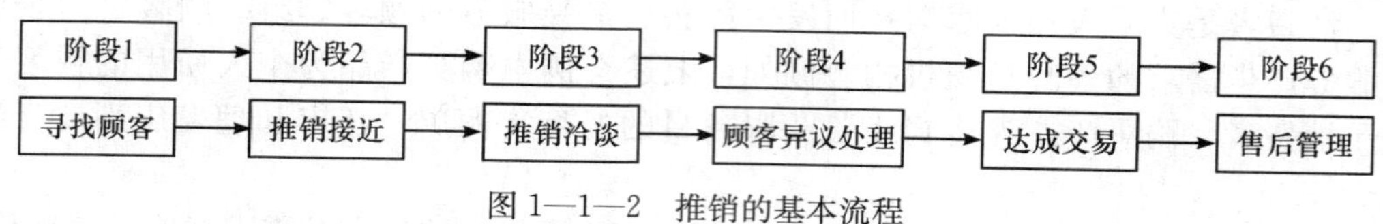

图 1—1—2　推销的基本流程

三、推销的形式

1. 以推销主体来划分

（1）自主推销：指企业通过建立自己的推销组织进行推销，组织内可以设置推销员、销售经理等工作岗位。

（2）合同推销：指通过合同和协议，委托代理商、中介人或经纪人进行推销。

2. 以活动方式本身来划分

以活动方式本身来划分，推销可分为上门推销，店堂、柜台推销（如超市、商场、专卖店等），电话推销，会议推销（如展销会、洽谈会、交易会、订货会等），网上推销等。

思考与练习

一、简答

1. 推销三要素之间有怎样的关系？试举出生活中的实例并进行分析。

2. 对于不同的推销形式，消费者的感受不同。找一种你印象中最深的推销形式，分析其利弊。

二、案例分析

几位推销员聚在办公室争论一个问题。甲说："要想把推销工作搞上去，关键在于推销员，如果大家不努力，业绩肯定上不去。"乙说："我不同意你的观点，我认为关键在于产品，如果公司的产品不好，单靠推销员，业绩也上不去。如果我们公司的产品过硬，就是不去推销，也会有人找上门来。"丙说："我认为关键是现在市场疲软，假如像过去那样什么都缺，还怕东西卖不出去？20 年前咱们公司连专门的销售部都没有，产品不也卖得挺好？"

问题：

1. 这几位推销员争论的问题涉及推销活动中的哪几个因素？

2. 你更同意哪个推销员的看法？为什么？

三、调查报告

选择当地的知名企业进行走访调查，撰写一份调查报告。

调查提问可从以下几方面入手：

1. 该企业销售系统的构成状况。

2. 走访当月销售冠军，了解他们的工作职能、职业成长经历、胜任该工作所必需的推销技能以及成功的推销案例。

3. 走访新入职的推销人员，了解他们对推销工作的认识和体会。

学习情境二　定位顾客

知识、能力框图

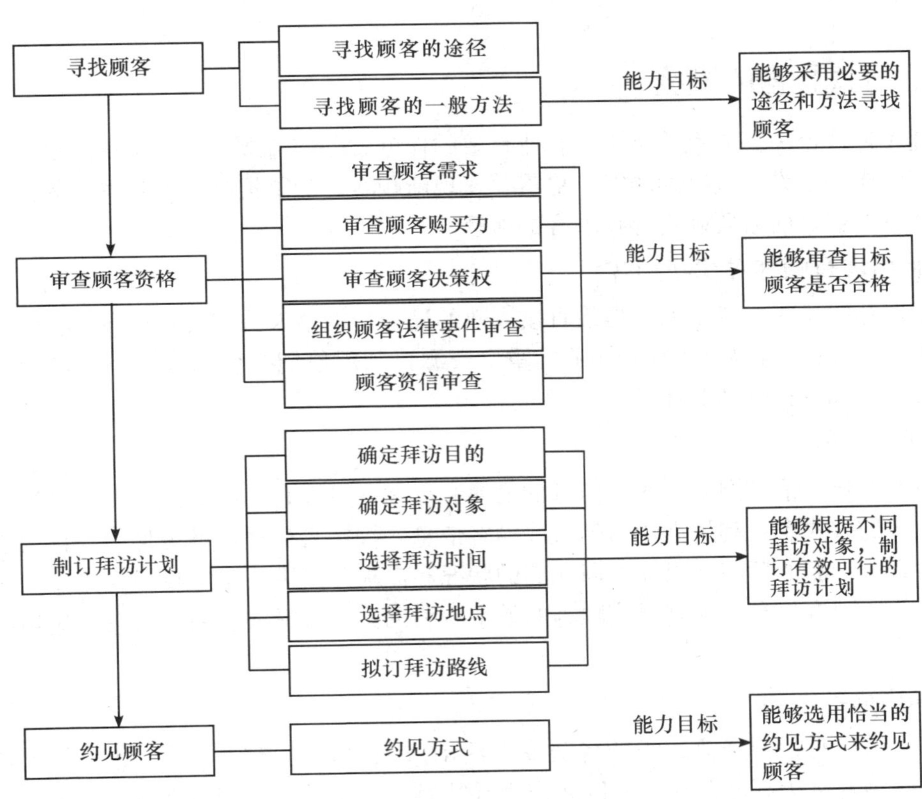

任务1　寻找顾客

任务引入

中和公司是广东一家家具制造商，成立三年，凭借优秀的产品品质和良好的售后服务占有了华南部分市场。现委派业务员刘山开拓华东市场，推销公司的产品。刘山做业务很努力，也很有头脑。面对新的环境，他该如何寻找顾客呢？

任务分析

在寻找顾客之前，刘山首先应明确公司产品在制作材质、加工工艺、价位和功能方面有哪些特点，这些特点是满足民用需求还是办公需求；其次，应尽可能地利用各种途径，如华东部分城市中家具卖场中的租赁摊位，或展销会、洽谈会等商务活动收集顾客资料，运用一定的方法达到寻找顾客的目的。

相关知识

一、寻找顾客的途径

管理大师彼得·德鲁克曾指出：企业首要的任务就是创造顾客。要实现该目标，市场营销人员不但要善于维系既有的顾客，更需要发现新顾客。为了提高寻找新顾客的效率，推销人员在寻找顾客之前需要确定寻找顾客的途径。

1. 利用现有顾客寻找新顾客

利用现有的顾客寻找新顾客是最直接有效的途径。推销人员应特别重视现有顾客（尤其是重点顾客），因为这部分顾客是企业的重要资源，利用他们提供的其他顾客信息常常可以事半功倍地完成寻找顾客的任务。

2. 利用信息

推销人员建立信息网络，通过信息的交换和反馈，可以较为高效地寻找到顾客。利用信息寻找顾客的方式有：利用推销访问获取顾客信息，推销人员通过推销拜访，直接了解被拜访顾客对企业产品的反应，以此判断他们的状况和需求，为进一步寻找顾客提供依据；利用网络查询获取顾客信息，提高寻找顾客的效率；利用文案资料获取顾客信息，达到寻找顾客的目的。

3. 利用商务活动

推销人员应对社会企业组织的各类商务活动（如信息发布会、产品交易会、贸易洽谈会、博览会等）给予高度关注，并以此作为寻找顾客的契机。这类商务活动企业关注度高、涉及面广，尤其是针对性较强的商务活动。在这类活动中与推销客体密切相关的企业很集中，容易收集顾客资料，寻找到新顾客。例如，本任务中的刘山可以通过参加上海的家具展销会，为自己寻找顾客。

4. 利用外延推销

企业在开发新产品或开拓新市场时，可以通过外延推销的途径来寻找新顾客。外延推销的方式比较多，如通过设立代理帮助推销人员寻找顾客，也可以通过行业性试销来寻找顾客，还可以通过设立本企业的销售网点（如租赁的展位）来寻找顾客。

二、寻找顾客的一般方法

寻找顾客是推销人员销售活动的开端。寻找顾客的方法多种多样，推销人员应根据情况，恰当地选用合适的方法。

1. 地毯式访问法

地毯式访问法也称普遍寻找法或全户走访法，是推销人员在业务范围内或特定地区、行业内，对可能成为潜在顾客的个人或组织进行无一遗漏的寻找方法。比如以某小区所有家庭作为地毯式寻找对象，将某地区所有的酒店作为普遍寻找对象等。地毯式访问法可以采用业务员亲自上门、发送电子邮件、打电话等方式展开。地毯式访问法的优缺点见表2—1—1。

表2—1—1 地毯式访问法的优缺点

优点	缺点
①在寻找顾客的过程中，接触面广、信息量大，同时陌生拜访又可以使顾客的各种意见和需求凸显，达到客观分析市场的效果	①存在难以预料的情况，有一定的盲目性，易造成时间、精力和费用的浪费
②可以广泛地传播企业和产品信息，扩大企业和产品的知名度，并可做到不遗漏任何有价值的顾客	②被访者常对推销人员有戒备心理和抵触情绪，从而给推销工作带来阻力
③有利于推销员了解和研究各种类型、各个阶层顾客的消费心理和消费特点，便于推销人员积累推销经验。同时，大量的访问可以培养推销人员坚韧不拔、吃苦耐劳和承受挫折的意志和精神	

2. 连锁介绍法

连锁介绍法也称无限连锁介绍法或链式引荐法，是指推销人员请求现有顾客介绍未来可能的潜在顾客的方法，其主要方式有电话介绍、口头介绍、信函介绍、名片介绍和口碑效应等。连锁介绍法适用于寻找各类顾客，特别适用于以下两类：第一，特别讲究信誉、相对比较封闭的行业（如专业性很强的工程起重机械、爆破与消防设备等），由于这类行业业内比较狭窄封闭，生产厂商与用户的数量相对稳定，所以产品质量高、信誉好的供应商一经介绍就会引起业内的链式购买反应；第二，适用于接受特殊产品的顾客（如无形的服务业中的旅游、教育、金融、保险等），由于在服务领域里，很注重信誉、感情和友谊，所以顾客对于这一类产品往往比较相信身边亲朋好友的介绍，相信使用过的顾客的建议。

连锁介绍法可以在现有顾客的交际范围里寻找新顾客，也可以通过现有顾客的关系直接介绍与其有联系的新顾客，后者更为常见。连锁介绍法的顾客构成如图2—1—1所示。

研究表明，在耐用品消费领域，50%以上的消费者是通过他人的引荐而购买商品的，62%的购买者是通过其他消费者得到新产品信息的。在西方推销学著作里，连锁介绍法常常被看作是最有效的寻找顾客的方法之一，甚至被誉为“推销王牌”。

采用连锁介绍法寻找顾客，关键在于推销人员取信于现有顾客，树立全心全意为顾客服务的观念，竭力解决顾客的各种困难和问题，使现有顾客对自己的推销人格和推销品感到满意，真正赢得现有顾客的信任，从而取得更多的新顾客。连锁介绍法的优缺点见

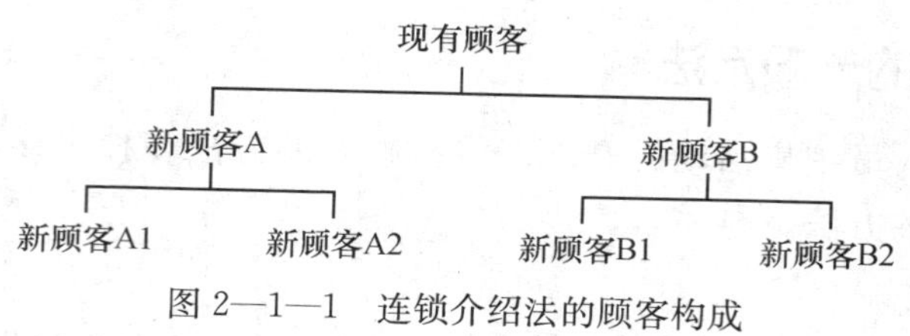

图 2—1—1　连锁介绍法的顾客构成

表 2—1—2。

表 2—1—2　**连锁介绍法的优缺点**

优　点	缺　点
①避免推销人员的盲目性，调动广大顾客共同参与以产生倍增效果	①难以制订完整的推销访问计划
②容易赢得被介绍顾客的信赖，成功率比较高	②推销人员常处于被动等待的局面

3. 中心开花法

中心开花法也称权威介绍法或中心辐射法，是指推销人员在一定的推销范围内发展一些有较大影响力的中心人物（关键人物）或组织来介绍自己的产品，然后再通过他们的影响把该范围内的其他个人或组织变为自己的准顾客。这种方法实际上是连锁介绍法的推广运用。中心开花法主要适用于时尚性较强的有形商品（如手机、电子产品等）的推销。这是因为顾客对该类产品容易产生从众心理和模仿心态，而中心人物或组织往往是消费领袖，如政界要人、文体界巨星、名牌大学、知名企业等，他们的购买与消费行为，能形成示范作用和先导作用，产生"光晕效应"。中心开花法的优缺点见表 2—1—3。

表 2—1—3　**中心开花法的优缺点**

优　点	缺　点
①推销人员集中精力向中心人物或组织作细致的推销说服，避免了单调重复地向每一个潜在顾客进行推销，节省了时间与精力	①推销人员如果完全依赖此法，容易限制潜在顾客的数量
②使产品的社会影响力得以提高，例如，NIKE 公司请迈克尔·乔丹做广告、搜狐成为北京 2008 年奥运会的赞助商等	②如果中心人物选择或处理不当，可能会造成推销失误，使推销员失去更多的顾客

4. 广告开拓法

广告开拓法也称广告拉引法，是指推销人员利用各种广告媒介寻找顾客的一种方法。广告开拓法是利用大众宣传媒介，把有关产品推销的信息传递给顾客，由推销人员对被广告吸引来的顾客进行推销，刺激和诱导顾客购买。广告开拓法适用于市场需求量大、覆盖面较广的商品的推销。由于这类商品面对的是广大的消费群体，所以寻找顾客的方法必须考虑是否能大规模地传播信息，是否能广泛接触顾客面，是否能节省推销时间和提高推销效率。广告开拓法正好能够满足上述要求。

利用广告开拓法寻找顾客，关键在于正确地选择广告媒介，常见的广告媒介有电子媒介、印刷媒介、户外媒介等。选择广告媒介的原则是，以相对少的广告费用取得较好的广告效果，最大限度地影响潜在顾客。广告开拓法的优缺点见表 2—1—4。

表 2—1—4　广告开拓法的优缺点

优　点	缺　点
①借助现代化手段可以大规模传播推销信息	①选择媒介不易把握，若选择失误会造成很大浪费，例如生产资料适用面窄所以不宜选用电视广告，低值易耗品必须面对广大消费群体而不宜选用报刊目录做广告等
②能够节省大量的推销人力和物力	②广告费用昂贵，且在很多情况下广告的效果较难测定，推销人员也不易掌握顾客的反应
③广告的信息量大、传播速度快、接触顾客面广	

5. 资料查询法

资料查询法也称文案调查法，是指推销人员通过查阅各种现有的信息资料来寻找顾客的方法。资料查询法侧重于二手资料的收集和分析，以确定潜在顾客与准顾客。目前我国可供查询的资料，主要有工商企业名录、统计资料、产品名录、工商管理公告、信息书报杂志、专业团体会员名册、企业广告与公告、电话簿及邮政编码本以及使用广泛的网络资源等。资料查询法适用于为各种产品寻找顾客。资料查询法的优缺点见表 2—1—5。

表 2—1—5　资料查询法的优缺点

优　点	缺　点
①可以减少寻找顾客的盲目性，节约寻找的时间和费用	①市场瞬息万变，有些资料的时效性较差
②通过已有资料对潜在顾客进行了解，可以为推销访问做好准备	②有些资料内容简略，信息量小，使得资料查询法具有一定的局限性

6. 委托助手法

委托助手法是指推销人员委托有关人员寻找顾客的方法。推销人员雇用有关人员寻找准顾客，自己则集中精力从事具体的推销活动。这些受雇人员被称为推销助手，他们一旦发现准顾客，立即通知推销人员安排推销拜访，有时老推销人员也可以委托新推销人员从事这方面的工作。委托助手法的理论依据是经济学中的最小最大化原则，即推销人员用最小的推销费用和推销时间，取得最大的推销效果。由于推销助手了解本地顾客的需求和市场行情，同时容易获得本地顾客的信任，所以委托助手法适用于寻找耐用商品和大宗货物的顾客。委托助手法的优缺点见表 2—1—6。

表 2—1—6　委托助手法的优缺点

优　点	缺　点
①节约费用、节约推销人员的时间、减轻工作量	①助手的人选不易确定
②借助助手的说服力量，可以扩大产品的影响，开拓新市场	②若选择的助手同时兼任其他同类推销客体的业务，则容易泄露本企业的商业机密

7. 个人观察法

个人观察法也称现场观察法，是指推销人员通过对现场人员的直观观察和判断，寻找潜在顾客。个人观察法是寻找顾客最基本、最古老的方法，依据推销人员个人的职业素质和观察能力，运用逻辑判断推理来确定潜在顾客。例如一位汽车推销员，发现一辆旧汽车时，会把旧汽车的主人看成一位潜在顾客。个人观察法适用于大型产品（如家具）、需求广泛的工业品等的推销。个人观察法的优缺点见表2—1—7。

表2—1—7　个人观察法的优缺点

优　点	缺　点
①使推销人员直接面对市场，排除了中间干扰	①凭直觉、视觉和经验进行判断，会受到推销人员个人素质和能力的约束
②使推销人员扩大视野，跳出固有的思维模式，容易发现新顾客	②事先完全不了解顾客，仅靠观察表面现象判断，所以失败率比较高
③培养推销人员的观察能力，积累经验	

除了上述几种推销方法以外，实行推销中还经常用到其他的一些推销方法，如电信（电话、网络）寻找法、市场咨询法、竞争寻找法等。每种方法各有优缺点，推销人员在实际推销活动中，应当结合现实情况，大胆创新，摸索出高效、快捷的寻找顾客的方法。

任务实施

一、分析产品特点

刘山在寻找顾客之前，结合公司产品的制作材质、功能、价位等几个特点进行分析，将产品与适合的顾客作了对应的标注，并动手制作了两张表格来体现上述思路（见表2—1—8、表2—1—9）。

在了解了公司生产的各类家具信息之后，经过分析，刘山认为可以将公司生产的家具分为民用家具和办公用家具两类，针对不同的产品，分别采用不同的方法寻找顾客。

表2—1—8　中和公司家具目录1

家具分类	名　称	适合顾客
根据制作材质和加工工艺分类	木质家具	BM/G
	金属家具	BM/G&Z
	软体家具	BM/G&Z-G
	玻璃家具	BM/Z-G
	板式家具	B/G&Z-G
	曲木家具	M/Z

注：B（办公）；M（民用）；BM（办公及民用）；G（高档）；Z-G（中高档）；Z（中档）；“/”表示不同类之间并列；“&”表示同类之间并列。

表 2—1—9　　中和公司家具目录 2

家具分类	名称		适合顾客
根据功能分类	柜类家具	大衣柜	M/G
		书　柜	BM/G&Z
		文件柜	B/Z-G
		陈设柜	B/Z-G
		实验柜	B/Z
	桌类家具	餐　桌	M/G
		写字桌	BM/Z-G
		课　桌	B/Z
		会议桌	B/G&Z-G
	坐具类家具	沙　发	BM/G&Z-G
		两用沙发	M/Z-G&Z
		沙发椅	B/Z-G&Z
		椅　子	BM/Z
		扶手椅	BM/Z
		转　椅	B/Z-G
		课　椅	B/Z
		公共座椅	B/Z&D
	床类家具	双人床	M/G
		单人床	M/Z-G&Z
		双层床	B/Z
		童　床	M/Z-G
	箱、架类家具	书　架	BM/Z
		屏　风	B/Z&D
		隔　断	B/Z-G&Z

注：M（民用）；B（办公）；BM（办公及民用）；G（高档）；Z-G（中高档）；Z（中档）；Z-D（中低档）；D（低档）。

二、利用恰当途径寻找顾客

1. 利用家具卖场的租赁摊位

刘山在上海的居之然、苏州的月星家居两个家具卖场租赁展位，雇用蹲点销售人员进行销售，主要经营 M/G（民用/高档）类家具，推销人员在租赁展位注意观察、寻找个人消费者。主要留意那些频繁来展位观看咨询的、男女以谈婚论嫁的情侣身份出现的、穿着打扮言谈举止透露出经济条件不错的顾客。

2. 利用各种涉及家具的商务活动

充分利用各种涉及家具的展销会、洽谈会、博览会、信息发布会、家具交易会等商务活动，寻找有购买办公家具意向的组织顾客。

3. 利用资料查询

利用企业名录、电话簿、专业团体会员名册，以及目前使用广泛的网络资源等来寻找有购买办公家具意向的组织顾客。

例如，用资料查询法寻找顾客：对组织顾客的信息获取，资料查询法可谓经济省时。需要查询的顾客资料主要包括该组织顾客的基础资料、顾客特征、业务状况、交易活动现状四项；可以查询的资料包括工商企业名录、统计资料、产品名录、工商管理公告、信息书报杂志等，最为快捷便利的是该组织顾客的官方网站，通过网络查询，可以迅速获知该组织顾客各方面的综合情况。

4. 利用广告媒体

刘山选择报纸及户外巨幅广告牌两种方式作为广告载体为中和公司的家具在华东几个城市做广告，借以宣传产品、招徕顾客。

例如，用广告开拓法寻找顾客：将公司生产的办公家具以广告的形式介绍给组织顾客，这种拉式策略①也是刘山寻找组织顾客的一种方法。经过认真调研分析，他决定选择报纸及户外巨幅广告牌两种广告形式。刘山发现组织顾客订阅报纸的比例是极高的，华东地区在当地有一定影响力的经济生活类报纸有《新民晚报》《新闻晨报》《申江服务导报》《南京晨报》《扬子晚报》《现代快报》《江苏经济报》《钱江晚报》《今日早报》和《都市快报》等，刘山认真比较，选用了其中3～4家报纸为公司产品做了广告。选用报纸作为广告介质，有费用较低、可以留存反复阅读、信息可感性强等特点。同时，刘山还选用户外巨幅广告牌作为广告载体，采用沉稳的隶书体书写“中和办公家具”六个巨大的木纹字作为宣传主题，将巨幅广告牌的位置选在华东各城市的行政中心交通要道及高新科技开发区入口处，以引起组织顾客的注意。

三、利用恰当方法寻找顾客

针对民用家具可以采用连锁介绍法、委托助手法、个人观察法等方法寻找顾客。

1. 用连锁介绍法寻找顾客

由于个人消费者购买行为分散、购买随意性较大且多变、不具备专业知识、购买决策支配权不统一等原因，购买家具这类消费品往往信赖亲戚、朋友、同事的介绍，所以可以采用连锁介绍法来寻找顾客，也就是通过现有顾客的关系直接介绍与其有联系的新顾客，再由推销人员与之接洽，进而寻找准顾客。

2. 用委托助手法寻找顾客

推销助手了解当地顾客的需求和市场行情，也容易获得本地顾客的信任，所以刘山在华东地区采用委托助手法来寻找有购买民用家具意向的新顾客。推销助手每提供一定数量有价值的顾客，即获得一定比例的佣金。他委托了以下几个推销助手：第一位是房地产销售人员，通过销售商品房来寻找民用家具顾客；第二位是某大型企业的工会办公人员，通过摸排

① 拉式策略，是指企业运用非人员推销方式把顾客拉过来，使其对本企业的产品产生需求，以扩大销售。拉式策略常使用广告宣传和各种商务活动等手段。

单位内部有购买家具意向的同事来寻找顾客；第三位是寿险销售人员，通过他拜访的客户寻找家具消费者；第四位是装潢公司的业务员，通过装修房屋的客户寻找顾客。

思考与练习

一、简答

1. 刘山为什么不使用地毯式访问法寻找顾客?

2. 分析刘山比较成功的寻找顾客的方法，其成功之处在哪里?

3. 为什么说“不同行业推销人员寻找潜在顾客的方法不同”?

4. 接近顾客的方法有哪些？试举一个生活实例，并说明其中所使用的方法。

二、案例分析

山田是日本一家肉店老板，一次出席朋友的宴会，当服务员来征询喝什么酒时，大家不约而同望向一位德高望重的长者，他提议“喝啤酒”，大家没有任何异议，一致同意喝啤酒。这一偶然事件让山田受到启发，他开始在顾客中物色中心人物，有意识地接近并结识那些交际广、知识阅历丰富、爱讲话的人，给他们各种优惠和周到的服务，让他们对自己的肉店产生好感。很快，这些人就成了山田肉店的义务宣传员，逢人就讲山田肉店肉质新鲜、斤两足、价钱公道、服务态度好，于是带动了一大批顾客来店消费。山田用这种方法使周围的很多居民成为自己的顾客。

问题：

1. 山田是如何使用“中心开花法”寻找顾客的?

2. 还可以想到什么方法帮助山田的肉店招徕更多的顾客?

任务2　审查顾客资格

任务引入

中和公司的刘山使用多种行之有效的方法寻找顾客，积累了一定的顾客资源，但随之也出现了一些问题，例如花费大量时间、精力拜访顾客，但是成交效果不理想，业绩提高不显著。他对未成交的组织顾客进行了一次梳理，综合起来有以下几种情形：部分顾客有需求，但缺乏购买能力或购买决策权；部分顾客既有购买能力也有购买决策权，但对公司的产品没需求；部分顾客的法律要件不完善（如法人资格），出于交易安全考虑，自己还需谨慎操作等。在推销过程中，刘山该如何审查顾客资格呢?

任务分析

按照现代推销学的观点，一个合格顾客需要满足一些基本条件。所谓合格顾客，即指那些诸多条件符合要求并极有可能成为现实顾客的准顾客。对准顾客实施资格审查，就是衡量他们是不是具备合格顾客的条件。顾客资格审查的目的在于发现真正的推销对象，避免徒劳无功的推销活动，提高推销效率。

相关知识

对合格顾客的条件审查，可以运用MAN法则，即审查以下三个方面：M（Money），顾客的购买力；A（Authority），顾客的购买决策权；N（Need），顾客的需求。MAN法则适用于消费者和组织顾客。针对组织顾客，还须运用其他的要素来衡量是否具备合格顾客的条件，比如，较好的信用度，必要的法律要件（如营业执照、社团登记证）等。

一、顾客资格审查

1. 审查顾客需求

顾客需求审查的实质在于，推销主体确定顾客名单上的推销对象对推销客体是否存在真实的需求。如果顾客不需要推销品，推销活动是难以继续的。因此，顾客需求审查是进行顾客资格审查的首要内容，假如该审查项不成立，剩余的审查项则没有必要进行。对顾客需求审查不力，会使推销变为无效推销，浪费时间和精力。例如，对于一个空巢期的家庭（消费者），向其推销住房、家具等产品是不明智的，因为该时期的家庭不需要这类产品；又例如，向某院校医务室（组织顾客）推销医疗器械，得到的答复是“我们只提供简单的医疗服务，不需要这些专业的医疗器械”。顾客需求审查见表2—2—1。

表2—2—1　　顾客需求审查表

<table>
<tr><td>审查需求项目</td><td colspan="4">项目1：是否需要
（明示需要的顾客是目标顾客；现实中的顾客往往表示不需要，需要推销员判断其真伪）</td><td>项目2：
何时需要</td><td colspan="2">项目3：
需要多少</td></tr>
<tr><td>原因分析</td><td>顾客确实不需求</td><td>顾客还未发现对推销品的需求。例如“没有使用过这类产品”，并不意味着以后不使用</td><td>顾客因某些原因暂时不需求。比如资金周转紧张或暂时有替代品</td><td>顾客因传统的购买习惯形成的不需求。比如针对总是购买一种品牌洗发水的消费者，或有固定进货渠道的组织顾客</td><td>顾客往往对自己的需求在时间上缺乏足够的认识</td><td>现实需求量</td><td>将来的发展情况</td></tr>
<tr><td>对待方式</td><td>从准顾客名单中划除</td><td>不要轻易划除</td><td>保留其准顾客资格</td><td>重点对待</td><td>帮助顾客判断需求时间</td><td colspan="2">重点对待需求量大和长期需求的顾客</td></tr>
<tr><td rowspan="3">审查方法</td><td>需求层次分析法</td><td colspan="6">对顾客需求层次进行分析，审查推销品的档次是否与其相符</td></tr>
<tr><td>需求差异分析法</td><td colspan="6">对顾客需求差异进行分析，审查推销品的特点是否与其相符</td></tr>
<tr><td>边际效用分析法</td><td colspan="6">了解顾客对商品的持有状况，分析推销品能够给顾客带来的边际效用</td></tr>
</table>

2. 审查顾客购买力

在审查顾客需求之后，推销人员还要通过深入、细致、全面的市场调查，分析顾客购买力的资料，进而判断其是否为合格顾客。之所以要对顾客的支付能力进行科学认真的审查，目的在于推销人员不仅要把产品推销出去，而且还要按期定量地回收货款，保障企业和个人的经济利益。

（1）消费者购买力审查。影响消费者购买力的因素很多，这里仅就消费者的收入、消费支出、消费储蓄与信贷等几个方面进行审查。

消费者的收入是指消费者个人从各种经济来源所得到的全部货币收入，通常包括个人的工资、奖金、退休金、红利、租金、偶得等。消费者收入是决定消费者购买力的最直接、最活跃的因素。消费者支出主要包括个人或家庭购买商品和接受服务两方面的支出，是衡量消费者购买力高低的重要指标之一。在消费者收入较为稳定的情况下，一定时期内支出越少意味着潜在购买力越强，反之越弱。推销员可以通过消费者单位财务部门、所在地的普通经济收入水平、日常消费情况、突发性购买、恩格尔系数等渠道和方法来审查消费者的收入和支出状况。

消费者的购买力除了受到消费者收入与支出的影响外，同时还受到消费者储蓄与信贷因素的影响。消费者的收入在一定时期内不可能全部花费掉，有一部分以银行存款等形式储蓄起来，这样无形中形成了一种推迟的潜在购买力。推销人员在了解消费者储蓄情况的基础上，进而预测消费需求的发展趋势和水平，寻找并把握市场机会。消费者的信贷对其购买力的影响也很大，消费信贷的主要形式有赊销、分期付款、信用卡结算等。通过消费信贷，消费者提前取得了产品的使用权，实质上是提高了消费者的现实购买力，实现了产品的提前销售。

对消费者购买力审查不力，也会使推销变为无效推销。例如，为响应政府对外来务工人员（消费者）生活更多关注的号召，地产商、汽车4S店、婚纱摄影楼、酒店、珠宝商等几个商家将各自资源整合在一起，纷纷向这一消费群体伸出橄榄枝，但最终推销的结果不尽如人意。事后审查发现，打工者更为看重的消费是廉价且卫生的租住房、便宜实惠的菜市场、一视同仁的中小学、干净适用的工作装等，而并不是价格昂贵的高消费物资和服务。这说明商家对消费者的购买力审查不到位。

（2）组织顾客购买力审查。对组织顾客购买力审查不力，不但会使推销变为无效推销，而且还有可能给销售公司带来经济上的损失。例如，四达电子公司的推销员得知××集团是上市公司，于是大力向其推销公司产品，谈判进行了很久，却迟迟不见对方作出实质性的购买举措。经由咨询公司等专业机构和银行等金融机构处调查获知，××集团近两年的运营状况很不乐观，连续亏损，短期偿债能力也比较差，几乎面临破产的命运，当然无心在购买公司固定资产上再下工夫了。对组织顾客购买力审查的具体内容见表2—2—2。

表2—2—2　　组织顾客购买力审查表

审查方面	运营状况（如企业整体经营及产品的市场销售情况、事业单位的财政拨款到位情况等）
	不同时期的支付能力（如企业投入至产出的时间间隔中出现流动资金的暂时短缺）
	短期偿债能力（如计算企业的流动比率、速动比率、现金比率等财务指标，决定是否给予信贷政策）
审查途径	主管部门或金融机构（如政府、工商、税务、审计、银行等）
	组织顾客内部（如咨询或委托内部人）
	公众信息（如大众传媒、社会评价与舆论）
	专业机构（如调查公司、咨询公司、公关公司等）

3. 审查顾客购买决策权

（1）审查消费者购买决策权。消费者购买决策权一般掌握在家长手中，同时，每一个家庭成员都扮演着倡议者、影响者、购买者、使用者等不同角色，他们的意见对购买决定也会产生很大影响，所以在现实生活中，往往不容易判断谁是购买决策者。

美国社会学家按照家庭权威中心的不同，把家庭分为四类：丈夫决定型、妻子决定型、共同决定型、各自决定型。根据消费品在家庭中的购买决策重心不同，将其分为三类：丈夫有较大影响力的商品（如汽车、烟酒等）、妻子有较大影响力的商品（如服饰、餐具、洗衣机等）、夫妻共同决定的商品（如住房、旅游等）。美国研究人员的一项调查结果证实，丈夫和妻子对购买决策的影响力随所购产品的不同而不同，见表 2—2—3。

表 2—2—3　　丈夫和妻子对不同产品购买决策的影响力

商品 购买因素	汽 车	衬 衫	电视机	洗衣机
品牌（产地）	H	—	H	W
功 能	H	W	H	W
式 样	W	H	W	W
规 格	H	H	H	W
维修保证	＝	—	H	W
价 格	H	W	H	H
商 店	H	＝	W	H
服 务	H	—	H	H

注：“H”为丈夫影响大，“W”为妻子影响大，“＝”为丈夫和妻子影响一样大，“—”为没有意义。

因此，在审查消费者购买决策权时，要根据产品的特点，分析判断家庭中谁具有相对的购买决策权，从而提高推销效率。

（2）审查组织顾客购买决策权。对于组织顾客而言，购买决策权会因其所有制性质、职能机构及管理权限等方面的不同而各有差异。一般来说，组织顾客的购买决策权是按照不同层次和级别来划分的，购买决策者只能在其购买权限范围内购买对应产品，越级购买则须向上级报请审批，有的项目甚至要高层领导集体讨论后才能作出决策。作为推销人员，需要熟悉现代科学管理知识，了解顾客的组织机构、人事关系、决策运行机制等，以便准确评价组织顾客的购买权力，作出正确判断。进行判断时，第一是要审查组织顾客的所有权性质、决策机制、规章制度、自主经营的权限等，确定其购买资格；第二是要审查具体人物在组织顾客内部的职务、权限、声望与人际关系等，审查他们的购买决策权力，从中挑选能够作出购买决策的进行推销，以增强推销的针对性，提高工作效率。

二、其他审查要素

1. 组织顾客的法律要件审查

组织顾客是对企业产品和服务产生需求的各种组织机构。组织顾客可以分为四类：企业顾客、中间商顾客、非营利性组织顾客和政府顾客。后三者的法律要件比较容易审查，所以这里只涉及企业顾客的法律要件审查。

企业的法律要件必须通过政府职能部门的注册、登记、审批等形式实现，因此，审查企业顾客的法律要件，就是审查该企业是否具备相应的审批文本、资格证书、营业执照、登记记录等。不同政府职能部门对企业的法律要件管辖见表 2—2—4，可以对照此表审查企业的法律要件。

表 2—2—4　　不同政府职能部门对企业的法律要件管辖

政府职能部门	管辖事务	可呈现的法律要件
工商局	内资、外资企业及私营企业开业注册登记	营业执照正、副本
税务局	企业税务登记	国税或地税登记证
外经委	外商投资企业的审批	批准证书等
环保局	建设项目环保审批	排污许可证等
公安局	公共场所治安许可证受理审批	许可证等
文化局	文化经营项目许可证审批	许可证等
卫生局	食品及公共场所卫生许可证审批	卫生许可证等
商　委	烟、酒类专卖零售许可证，粮油资格，食品交易和农贸市场、展销会的审批	许可证等
科　委	科技经营证书的核准审批	许可证等
技监局	企业、事业、机关和民办非企业代码登记、变更、验证	企业代码证
财政局	财政政策登记、受理小企业贷款信用担保及外商投资企业财政登记	财政审批手续等

注：如果属特殊行业还需特殊经营许可证等。

2. 顾客资信审查

对顾客的资信审查，可以通过金融机构（银行）、专业信用调查机构、行业组织、内部调查等渠道对顾客进行 5C 系统评估。所谓“5C”系统，是指评估顾客资信程度高低的五个方面，见表 2—2—5。

表 2—2—5　　顾客资信 5C 评估系统

信用品质 (Character)	顾客履约或赖账的可能性	这是衡量顾客是否信守契约的重要标准，也是决定是否给予赊销的首要因素
偿付能力 (Capacity)	顾客的偿债能力	取决于其资产特别是流动资产的数量、质量（变现能力）及与流动负债的比率
资本 (Capital)	顾客的经济实力	表明顾客可能偿还债务的背景，是顾客偿还债务的最终保证
抵押 (Collateral)	顾客拒付货款或无力支付货款时能被用做抵押的资产	如无法回收货款，便可用其抵押品进行抵补
条件 (Conditions)	可以影响到顾客偿债能力的一般经济趋势和某些经济领域的特殊因素	如经济不景气时会对顾客付款产生什么影响，有色金属价格飙升带来的制造成本增加等

任务实施

一、初步衡量顾客资格

刘山对顾客实施了初步筛选和衡量。对于组织顾客，还追加审查了其法律要件和信用状况。

二、深入审查顾客资格

第一，审查顾客需求。刘山对组织顾客的需求作了如下审查，见表2—2—6。

表2—2—6　组织顾客需求审查表

组织顾客名称	是否需要（家具）	何时需要	需要多少	如何对待
江苏苏州大美服装学院	学院学生扩招，有需求，但学院有固定进货渠道	明年新生入校之前就需要	办公家具的需求量最大	作为大客户重点对待
上海恒大百货公司	公司在长三角新开了三个超市（上海、苏州、昆山），有需求，但其他品牌的家具推销人员也在做他们的业务	现在就需要	办公家具的需求量比较大	作为大客户重点对待
浙江萧山天马机械厂	该厂正在扩大生产规模，增加管理人员，准备购进部分办公家具，有需求	现在就需要	需求量较小	保留其准顾客资格

第二，审查顾客购买力。刘山对组织顾客的购买力作了如下审查，见表2—2—7。

表2—2—7　组织顾客购买力审查

组织顾客名称	运营状况	短期偿债能力	不同时期的支付能力
江苏苏州大美服装学院	该组织顾客属于事业单位，财政拨款到位、学费收缴状况良好	正常	该顾客连续三年来，支付能力一直较强
上海恒大百货公司	该组织顾客属于企业单位，整体经营状况较好	从其流动比率、速动比率、现金比率等财务指标来看，有较强的短期偿债能力	该顾客在销售淡季时支付能力欠佳，但销售旺季时支付能力很强
浙江萧山天马机械厂	该组织顾客属于企业单位，整体经营状况较好	从其流动比率、速动比率、现金比率等财务指标来看，短期偿债能力一般	该顾客连续三年来，支付能力欠佳

第三，审查顾客购买决策权。刘山通过各种渠道获知江苏苏州大美服装学院的决策权在院长联席会议，对于本次采购活动的主要决策者是分管教学的副院长及分管后勤的副院长；上海恒大百货公司的重大事件决策权在公司董事会，而长三角（上海、苏州、昆山）新开超市的物品购置决策权在三间超市的经理手中，但须上报公司董事会及公司总经理；浙江萧山天马机械厂的决策权在厂长。

第四，审查法律要件。刘山对江苏苏州大美服装学院、上海恒大百货公司、浙江萧山天马机械厂等组织顾客的营业执照、税务登记证、企业代码、各种许可证等法律要件进行审查，发现这些顾客都属于合法正当运营，从法律角度来说，与他们交易是安全的。

第五，审查信用状况。刘山通过金融机构（银行）、专业信用调查机构、行业组织、公众信息等渠道对上述组织顾客的信用状况进行了审查，见表 2—2—8。

表 2—2—8　　顾客信用状况审查表

顾客级别	信誉状况	信用限度	顾客名单
A 级顾客	规模大、信誉高	信用限度不受限制	江苏苏州大美服装学院、上海恒大百货公司
B 级顾客	信用状况一般	确定信用限度基数，可逐步适当放宽	浙江萧山天马机械厂

刘山对顾客进行了深入细致的审查，发现江苏苏州大美服装学院、上海恒大百货公司等组织顾客满足合格顾客的条件，并且有长期合作的可能性，将他们列为重点发展的顾客，要给予更多的关注；浙江萧山天马机械厂等组织顾客审查中有瑕疵，但可以保留其准顾客资格，日后有可能合作。

思考与练习

一、简答

1. 试分析刘山审查组织顾客的“法律要件”这一项目有何必要性。
2. 在日常生活中，刘山可以通过哪些现象来判断消费者的购买力状况？
3. 在对组织顾客的资格审查中，你认为哪个审查项目最重要？请讲明理由。

二、案例分析

汽车推销大王乔·吉拉德在将汽车卖给顾客的数周后，就从客户登记卡中找出对方的电话号码，主动与对方联系：“您新买的车子情况如何？”白天打电话，接听的多半是购买者的太太，她们大多会回答：“车子情况很好。”吉拉德接着说：“假使车子振动厉害或有什么问题的话，请送回我这儿来修理。”并且请她提醒她的丈夫，在保修期内送来检修是免费的。同时，吉拉德也会问对方，是否知道有谁要买车子？若是对方说有位亲戚或朋友想将旧车换新的话，他便请对方告知这位亲戚或朋友的电话号码和姓名，并请对方拨个电话替他稍微介绍一下。且明确告诉对方，如果介绍成功的话，对方可得到 25 美元的酬劳。最后，吉拉德没有忘记再三致谢。吉拉德认为，即使是质量上乘的产品，在装配过程中也难免会发生一些小差错，经过出厂检验也难免有疏漏。这些毛病，对于专业的维修部来讲并不难，但对顾客来说就增添了许多麻烦。把车子卖给顾客后，对新车是否有毛病的处理态度和做法，将会影响顾客向别人描述时的角度和重点。他可能会说“我买了一辆雪佛兰新车，刚买回来就出毛病！”但在你主动询问对方对车子的评价，及时发现毛病并给予免费维修后，顾客就会对别人说：“吉拉德不仅卖给我车，还时时为我的利益着想，虽然车子出了点毛病，但他马上给我免费修好了。”

问题：

1. 吉拉德是用什么方式来寻找准顾客的？

2. 吉拉德急着给顾客打电话询问车子的状况，是否会引起对方对所购产品质量的怀疑？假如出现这种情况，你认为应怎样处理？

3. 吉拉德明知购买者白天不可能在家，为什么却偏偏将电话打到他家里去？

任务3　约见顾客

任务引入

中和公司的推销员刘山在华东地区通过很多方法寻找到了不少准顾客，并对他们进行了资格审查，针对前面两个任务确定的准顾客——江苏苏州大美服装学院和上海恒大百货公司，刘山应该怎样去约见和拜访才能推进一下步的推销工作呢？

任务分析

约见顾客是指推销人员事先征得顾客同意，然后拜访对方的整个过程。约见顾客是一项非常讲究技巧的工作，是推销过程的一个重要环节，其实质就是推销接近的开始。这个步骤至关重要，直接关系到推销接近能否顺利进行。约见顾客前，推销人员应做好周密的准备工作，制订拜访计划，选用合理的约见方式，圆满完成推销的前期环节。

相关知识

一、制订拜访计划

1. 确定拜访目的

推销是一个复杂的过程，以满足顾客需求、达成交易为最终目的。实现这一目的一般要经过若干次的推销拜访，每一次拜访必须有明确的目的，且拜访目的应是递进的、逐步接近成功的。推销人员拜访顾客的目的无外乎以下几种：正式推销、市场调查、提供服务、签订合同、收取货款、走访顾客，见表2—3—1。

表2—3—1　拜访顾客的目的

类型	说明
正式推销	拜访顾客时，推销人员应设法引起对方的注意和重视，着重说明推销品的特性和用途。以推销产品为目的的拜访，往往会遭到拒绝，所以，推销人员在语言、行动等推销技巧上要做精心设计

续表

类型	说明
市场调查	市场调查是现代推销人员的重要职责之一。一般来说，推销人员以市场调查的名义拜访顾客比较容易让顾客接受。推销人员通过与顾客面谈，可以了解到顾客的一些真实情况，为今后的推销做准备，同时也为企业的经营决策提供参考。优秀的推销人员在调查过程中，会自然而然地将顾客引向正式推销，达到一举两得的效果
提供服务	从现代推销理论上讲，推销就是一种服务，推销活动与推销服务密不可分。为顾客提供服务也是推销人员的重要职责，以提供服务为由拜访顾客（如技术指导、安装、调试、维修等），往往会受到顾客的欢迎，并为未来的推销拜访开辟道路
签订合同	在推销活动中，有的交易程序比较复杂，在与顾客谈妥交易条件之后，需要签订正式合同。如因某种原因当时未能签约，推销人员可以将签订合同作为拜访事由，约定下次拜访时间
收取货款	在交易中因某种原因造成顾客拖欠货款是常有的事，以收取货款为由拜访顾客，对方一般不好回绝。如顾客因资金紧张等原因造成拖欠，推销人员不应强人所难，以便为推销活动留下后路；如顾客因主观原因不愿支付，寻找借口推托，推销人员要讲究拜访技巧，不给对方找借口的机会
走访顾客	走访顾客是推销人员重要的日常工作，在竞争激烈的推销环境中，有计划地走访顾客可以达到密切关系、增进情感、保持长期合作等目的。通过走访顾客，还可以征求顾客意见与忠告，了解顾客的近期信息，为进一步推销奠定基础

2. 确定拜访对象

拜访对象指的是对购买行为具有决策权或对购买活动具有重大影响的人。下面以组织顾客为例，说明拜访对象的确定方法。

对企业而言，公司的董事长、经理，工厂厂长等是推销人员首选的拜访对象，成功拜访这些决策者将有利于今后的推销。但往往由于种种原因致使推销人员可能无法直接拜访他们，那么，他们身边的助理、顾问、秘书、办公室主任等就成为第二批被考虑的拜访对象。这些人虽无决策权，但他们接近决策层，往往对决策者的决策活动产生很大的、直接的影响。此外，那些与购买活动相关的人员，如采购人员、仓储人员、汽车司机、财务人员、接待人员等，成为第三批被考虑的拜访对象。总之，推销人员在确定拜访对象时，要根据推销业务的性质，合理合法地确定拜访对象，以避免在无关人员身上浪费时间和精力。

3. 选择拜访时间及地点

拜访时间是否妥当，直接关系到拜访乃至整个推销活动的成效。一般来说，若顾客有明确表示，则推销人员应遵照顾客指定的时间进行拜访；如顾客无明确表示，推销人员可根据不同的拜访对象，不同的拜访目的、方式、地点等因素来考虑确定拜访时间。

选择拜访地点时，要视具体情况而定，首先要方便顾客，同时尽量避免干扰顾客。一般来说，可考虑工作地点、居住地点、社交场合或公共场所等。

4. 拟订拜访路线

拜访路线的拟订可以遵循以下原则。

第一，首先拜访重要顾客。优先拜访规模大、信誉高的A级顾客，其次考虑信用状况一般的B级顾客。

第二，合理设计走访路线。划定顾客分布的片区，制作一份顾客分布图，根据线路的合理分布情况，进行最为经济的拜访。

第三，恰当选择拜访时间。在拜访不同顾客的时候，要考虑各自的作息、营业时间，如将学校、商场、生产企业等顾客的拜访时间错开，做到有顺序的、高效的拜访。

第四，随时调整拜访路线。顾客会随时发生变化，可以根据其销售情况、进货能力的变化情况、新品牌接受情况等随时调整拜访路线，做到灵活的拜访。

二、约见方式

推销人员要达到约见顾客的目的，不仅要考虑约见的对象、时间和地点，还必须认真研究约见顾客的方式，常见的约见方式有电信约见、当面约见、信函约见、委托约见、广告约见，见表2—3—2。

1. 电信约见的技巧

（1）感染对方，留下好感。接听电话要及时，振铃响两三声就要接听；注意力集中并使用有感染力的语调，让电话沟通有生气；如果想渲染得更为热情，可以站起来甚至配合一些肢体语言来接打电话；可以不定期地向顾客发一些诸如励志、幽默、节日问候的短信，并将名字署在后面，博取顾客的好感。

（2）遵时守约，讲求效率。事先约好的电话，一定要按时拨打；未接电话要及时回复，最好不要隔夜；拨打约见电话须事先准备好资料，交流时言简意赅，时间不宜过长，三五分钟即可。

表 2—3—2　常见的约见方式

约见方式	具体内容	优缺点		注意事项
		优点	缺点	
电信约见	即通过电话或者网络等电信方式约见顾客，这是现代推销中比较常用的约见方式	①迅速方便；②费用低、范围广；③能及时反馈顾客意见及要求	①受推销地区电信条件的限制；②受推销对象电信工具的限制；③安全程度欠佳	①电话约见时间不宜太长，需要事先做好用语准备；②网络约见须注意 EDI（电子数据交换）的真实性和安全性
当面约见	即推销员与顾客当面约定拜访事宜，推销员可以利用各种与顾客见面的机会进行约见，如不期而遇、被第三者介绍时等	①发展双方关系、加深双方感情；②可以详细了解顾客情况；③可靠、简便，便于保守商业秘密	①受地域限制；②效率低、费用高；③顾客容易爽约	①需要推销员的沟通能力强、心理素质好；②应熟悉被约见者的情况，加强推销的针对性；③适用于新市场、新顾客、潜在的大顾客
信函约见	即利用各种信函，如书信、传真、会议通知、请柬等约见顾客	①简便快捷；②费用低廉，易于掌握；③不受人为阻碍；④形式较传统，显得尊重对方	①消耗时间长；②顾客对信函不感兴趣，信息反馈率低；③无法当面解释，容易留下疑团	①要注意书写技巧及设计；②慎用公司统一印制的信封，最好采用普通信封；③不要加盖“邮资已付”标志；④如是打印信函，应亲笔签名
委托约见	即推销员通过朋友、同学、亲戚、同事等第三者约见顾客	①能够顺利接近顾客；②节约时间，提高效率；③利于促成交易；④信息真实度较高	①使用范围受限制；②顾客容易爽约；③容易产生非正式约见的感受；④环节多，容易产生人情债	要求委托、受托、推销对象三方存在一定的社会联系
广告约见	即利用各种广告媒介约见顾客，如利用贸易洽谈会、展销会、新闻发布会等	①覆盖面广、受众人数多；②效率高、节约推销时间	①针对性差；②费用高	①一般适用于约见对象不明确或众多的情况；②应慎重选择广告媒体，加强针对性

（3）规范用语，注意礼貌。如：“您的见解对我们很有帮助，希望能向您当面请教”“您好！这里是东方公司，请问有什么可以为您效劳的”“王经理，如果您近期有时间的话，我想与您面谈一次”。注意，切忌接打电话时和身边的第三人说话。

（4）做好记录，注意检讨。不论对方是否愿意约见，都应将电话谈话要点记录下来，保证重要的信息资料不会被忘记；定期检讨约见顾客的电话，及时总结回顾，以求不断进步；电话里最好不要报价，如对方追问，可以以不同型号、规格、版本的价格不同为由，趁势约见对方面谈。

2. 当面约见的技巧

（1）注意仪表形象。当面约见顾客，对自身的仪表形象要格外注意，如面容、着装、徽章、坐立行的姿势、待客的态度等细节问题，都要关注到。

（2）少说关键问题。在当面约见顾客的过程中，关键问题几句话点到即可，绝大多数的时间用在闲聊其他问题，比如家庭状况、个人爱好、焦点问题、体育赛事等，借机从感情上接近顾客。

（3）多倾听、多包容。要能够专心地听对方说话，集中精力去揣摩对方想要表达的感情和内容，给予感情上的支持，并留心重要的信息传递；要能够用宽阔的心胸包容顾客，切勿心存偏见，只用自己的价值观判断顾客的谈话内容。

3. 信函约见的技巧

（1）站在顾客的角度，组织信函内容。站在顾客的角度，用简洁易懂的语言将顾客想知道的事情，一一告知顾客；信函内容应尽量能够吸引顾客的注意，使其有兴趣阅读下去。

（2）慎用格式信封，勿盖“邮资已付”标志。公司统一印制的格式化信封，会使顾客感觉公事公办，缺乏人情味。可以考虑使用普通信封，在信封上贴邮票。

4. 委托约见的技巧

（1）掌握第三人信息。尽可能多地掌握与顾客熟悉的第三人的相关信息，如顾客的同学、亲属、老师、朋友、上级、同事等，利用第三人打电话、带口信等方式，将推销人员介绍给顾客，以达到约见目的。

（2）首先推销自己。只有推销人员获得了顾客的信任，才可能让顾客信任自己的产品，从而购买产品。

5. 广告约见的技巧

（1）提高针对性。广告的受众范围大，难免针对性差，所以一定要提高其针对性。如：适于中老年的保健品，可以选用报纸、广播、社区宣传等方式；适于青年人的时尚品，可利用网络、短信、学校推广等方式。

（2）突出诉求重点。通过广告创意活动，让目标受众感受产品的利益，进而渴望拥有该产品，在广告约见中，不断强化该诉求重点并注意在传递过程中避免其他干扰。

除了上述几种方法之外，实际常用的还有诸如名片约见、家庭访问等约见方式。

推销人员在选用约见方式时，应当注意三个问题。第一，注意因人而异、因地而异、因时而异、因事而异，针对具体内容、具体环境及顾客实际需求，确定一种约见方法，或并用几种约见方法，做到互为补充。第二，鼓励不断创新，增强约见效果。第三，无论采用哪种约见方式，一定要取信于人。

任务实施

一、制订拜访计划

刘山根据顾客资格的审查及拜访计划的要点，制订了一份拜访计划表，见表 2—3—3。

二、约见方式

对上海恒大百货公司，刘山考虑由于情况较复杂，约见方式不能单一。刘山自己是上海人，最好能通过社会关系联络到总公司的经理（委托约见），再打电话征得拜访对象的同意，决定在周二 14 点前往拜访；因为没有熟悉的关系可以接触到上海超市经理，最好在拜访总经理后直接前往超市筹建处拜访；事先电话联络昆山超市经理（电信约见），如果对方同意拜访，刘山决定在周三前往拜访；事先电话联络苏州超市经理（电信约见），如果对方同意拜访，刘山决定在周四 14 点前往拜访。

表 2—3—3 拜访计划表

顾客	因为……	所以……	
江苏苏州大美服装学院	明年学生扩招，对学生课桌椅等教学办公家具有现实的大量需求	拜访目的	正式推销。展示推销品的特点和用途，引起对方的注意和重视
	主要决策者是分管教学的副院长及分管后勤的副院长	拜访对象	教务副院长、后勤副院长
	该学院是教学单位，一般应在课余时间约见	拜访时间	在 16 点之后（课后）实施拜访
	校园内最能够方便该顾客	拜访地点	在学院领导办公室
上海恒大百货公司	在长三角新开三个超市（上海、苏州、昆山）	拜访目的	正式推销或市场调查。引起对方注意，摸清顾客情况
	长三角新开超市的物品购置权在三间超市的经理手中，但须上报公司董事会及公司总经理	拜访对象	公司的总经理及上海、苏州、昆山三地的超市经理
	该公司是零售企业，避免在理货、营业高峰时段拜访，应选在空闲时间	拜访时间	14—15 点最佳，避免在周一、周末和双休日拜访
	公司总部在上海，三间超市分别在上海、苏州、昆山	拜访地点	总公司办公楼及上海、苏州、昆山三地超市筹建处
拜访路线：上海（上海恒大百货公司总公司及上海超市筹建处）→昆山（昆山超市筹建处）→苏州（江苏苏州大美服装学院、苏州超市筹建处）			

对苏州大美服装学院的两位领导，刘山先选用打电话的方式提起约见请求（电信约见），得到许可后，他决定在周四 16 点半登门拜访学院领导。

由于刘山严谨地制订拜访计划、合理地选用约见方式，仅在一个星期内就安排了华东三个城市内的客户拜访，收效很好。这两家组织顾客都表示出了有购买中和公司办公家具的意愿。

思考与练习

一、简答

1. 针对上海恒大百货公司，刘山还有哪些约见方式可以选用？
2. 讨论刘山设计的拜访路线及时间，综合考虑了哪些因素？
3. 试举例说明如何拜访及约见顾客？

二、案例分析

某推销员在上门推销时，总是带着两张纸。一张纸上写了许多字，是顾客的推荐信和签名，当遇到顾客拒绝时，他会说："×先生，您认识王明先生吧？他是我的顾客，他用了我们的商品很满意，因而写了这封推荐信，希望作为他朋友的您，也能享受这份满意。您不介意把您的名字也加入到他们的行列中去吧？"运用这个方法，一般都能取得较好效果。当成功地销售出一套商品之后，他会拿出另一张白纸，说："×先生，您觉得在您的朋友当中，还有哪几位可能需要我的商品？请介绍几个您的朋友让我认识，以便让他们也享受到与您一样的优质服务。"然后把纸递过去。85％的情况下，顾客会为他推荐2～3个新顾客。

问题：

这位推销员的方法有什么好处？

三、课堂游戏

主题：快跑出租车

要求：用最经济的路线将城市内的网点联系起来，考查学生拟订拜访路线的能力

准备：

1. 班级每个学生写1～2张纸条，代表就读学校所在城市的一个地点（注意不要重复）。
2. 将纸条投入密闭的纸箱中。

流程：

1. 随机抽出10～15个纸条，交给出租车司机（选出来的学生）。
2. 给司机1～2分钟的考虑时间，设计一条最经济合理的路线跑完这些网点。
3. 同学对该名司机的路线进行评价。
4. 将抽出的纸条重新投入纸箱中，充分混合后开始下一轮游戏。

学习情境三　推销接近

知识、能力框图

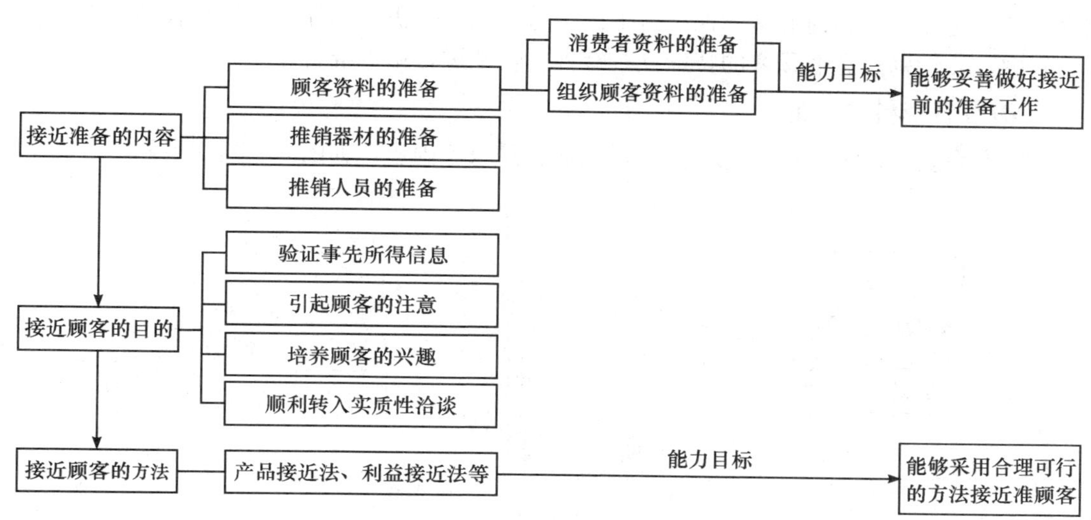

任务1　接近准备

任务引入

恒通公司是一家生产计算机及其相关配件的厂商，产品有较好的口碑，已销往全国各大城市。现得知江苏苏锡常地区要全面进行信息化改造，需要大批量采购计算机。得知此消息后各类品牌的计算机厂商云集江苏，恒通公司也委派在无锡长大的张可欣到该地区开拓市场，面对消费者与组织顾客两种不同类型的准顾客，张可欣该如何去做接近准备工作呢？

任务分析

接近准备，是指推销人员在接近某一特定顾客之前进一步了解该顾客的基本情况，设计接近和面谈计划，谋求如何开展推销洽谈的过程，也是为进一步了解、掌握、分析顾客的情况而进行预先准备的过程，是顾客资格审查的继续，是非常重要的推销工作环节。

接近准备工作的主要内容就是收集、整理、分析目标顾客的有关资料，进行推销预测。具体包括顾客资料的准备、推销器材的准备以及推销员素质及行业背景的准备。

相关知识

一、顾客资料的准备

顾客资料是反映顾客基本情况的信息资料，关系到推销人员设计和确定约见顾客的计划和策略，是进一步接近顾客、进行推销洽谈的主要依据。因此，对目标顾客资料进行收集、整理和分析是接近顾客前的基础性准备工作。这里主要分析消费者、组织顾客的接近准备工作，其中，要特别注意老顾客的特殊性，有针对性地进行接近准备。

1. 消费者资料的准备

对消费者资料的准备一般包括姓名、职业、需求等内容，如图 3—1—1 所示。

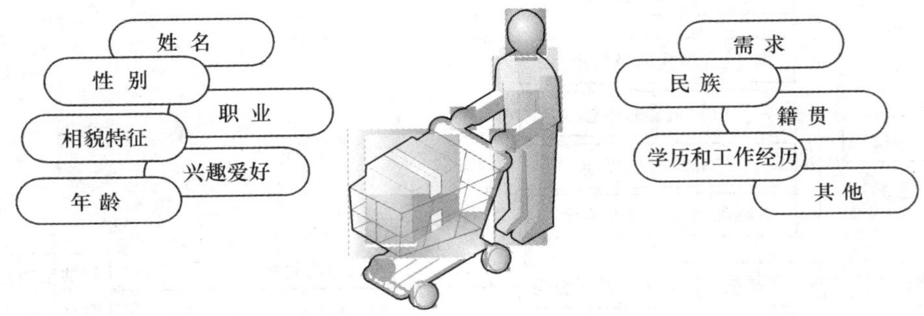

图 3—1—1 消费者资料准备的内容

（1）消费者的需求。推销人员在准备消费者资料时，首先要了解消费者购买的主要动机，充分了解顾客的需求内容与具体形式，是为了生存消费需求、享受消费需求还是发展消费需求，将顾客的需求和推销形式紧密联系起来，奉行以顾客需求为中心的指导原则。其次要了解消费者需求的规律性，包括达成购买的时间、地点、方式上的规律性，如便利品的购买时间比较随意，地点以方便为主，数量少、品种多，而选购品或特殊品的购买须经过仔细比对才能作出购买决策，对购买地点不是很挑剔。再者要了解消费者购买的决策权限。

（2）姓名。记住顾客的姓名，是赢得顾客的信任，获取事业成功的第一步。推销人员在接近准顾客前，应尽可能地记住准顾客的姓名与准确的叫法、写法。如果能在一见面时就准确地叫出其姓名或称谓的话，会缩短推销人员和顾客之间的距离，产生一见如故的感觉，否则，会引起准顾客的反感。

（3）年龄和性别。不同年龄、不同性别的顾客会有不同的个体差异和需求特征，因而会有不同的消费心理和购买行为。在接近顾客之前，推销人员应采取合适的方法和途径了解顾客的年龄及性别，便于分析、研究、把握顾客的消费心理，制定推销接近策略。针对不同年龄、不同性别的顾客，合理安排约见时间、场合、方式。

（4）民族和籍贯。在接近消费者之前，先了解消费者的民族和籍贯，准备好相关民族风俗习惯的材料，做到入乡问俗，入乡随俗，切不可做出有违于民族风俗或地方习惯的事。

（5）职业和学习、工作经历。不同职业的人，久而久之会形成独特的职业性格，表现在价值观念、生活习惯、购买行为、消费内容与消费方式等方面，都有着比较明显的区别。因此，针对不同职业的准顾客，在约见方式、接近方式与洽谈方式上也应该有所不同。同样，推销员及时了解推销对象的学习和工作经历也有助于约见时与其寒暄，拉近双方的距离。然后在恰当的时机，再提出拜访的目的，使成交水到渠成。一位推销员了解到顾客和自己一样，都曾在部队里当过话务员，于是他和顾客一见面就谈起了收发报等话题，双方谈得津津有味，最后在愉快的气氛中达成了交易。

（6）相貌特征。推销人员在接近准备阶段，应了解准顾客的音容、相貌、身高等重要特征，最好能拥有一张准顾客的近期相片。人的体形与相貌有时能反映人的健康状况、性格特征、内在气质甚至文化修养。掌握准顾客的相貌特征，既可避免接近时出错，又便于销售人员提前进入洽谈状态。一些有经验的销售人员，在确定了拜访对象以后，会面对着准顾客的相片，在脑海中模拟与准顾客的对话，直到认为自己说出了令对方满意的话为止。然后，充满自信心地前去拜访。

（7）兴趣爱好。了解消费者的兴趣爱好，不仅便于有针对性地向他们推销商品，投其所好，而且有利于寻找更多的共同话题接近消费者，使谈话气氛融洽，并且可以避免冒犯顾客。

（8）其他。推销人员除了了解准顾客的上述情况外，还需了解与其相关的各类信息，如通信联络方式等。

2. 组织顾客资料的准备

由于组织购买者的业务范围广，购买产品的数量大，而且购买决策人与购买执行人往往是分离的，使组织购买者的购买行为变得更为复杂，因此涉及的问题与购买决策时考虑的问题也比较多。故推销人员准备的资料应比消费者更充分，现以工商企业顾客为例，说明对组织顾客应准备的主要资料，具体内容见表3—1—1。

表3—1—1　　组织顾客的资料准备（工商企业）

主要资料	包括的内容
基本资料	组织顾客的名称、商标、地点、电话、所有者、经营管理者、法人代表、创业时间、组织形式、业种等
顾客特征	生产经营规模、服务区域、生产及销售能力、设备技术水平、企业的市场营销组合、市场竞争以及企业发展方向等
交易活动现状及采购惯例	销售活动状况、存在的问题、信誉与形象、信用状况、交易条件、采购对象的选择及购买的途径、购买周期、购买批量、结算方式等
组织人事状况	人事状况、人事关系以及关键人物的职权范围与工作作风等

在准备顾客资料时，要特别注意老顾客的特殊性。老顾客即熟客，是推销人员熟悉的、比较固定的买主。保持与老顾客的密切联系，是推销人员保证顾客队伍的稳定，取得良好推销业绩的重要条件。

对老顾客的接近准备工作，不同于对新寻找的目标顾客的准备工作，因为推销人员对老顾客已经有一定程度的了解，主要是对原有资料的补充和调整，即对原有资料错漏、不清楚、不确切等方面进行的及时修订和补充，并进一步收集老顾客的新资料。因此，老顾客的接近准备主要是了解其变动情况和反馈情况。

（1）重温老顾客的基本情况。应该在见面之前对老顾客原有情况进行温习与准备。通过温习，在见面时可以从这些内容入手进行寒暄，这样会使顾客感到很亲切。

（2）密切关注老顾客的变动情况。对原来档案中的资料，特别是重要方面及时进行审查与核对，快速掌握其变化情况。

（3）掌握老顾客的反馈信息。对于老顾客而言，推销人员再一次拜访接近前，应该先了解老顾客（无论是消费者还是组织顾客）上一次成交后的情况反馈。顾客反馈的内容是多方面的，主要包括供货时间、产品价格、产品质量、使用效果和售后服务等。

二、推销器材的准备

优秀的推销员一靠推销技巧，二靠各种推销工具，推销人员在接近顾客之前认真准备各种推销器材是非常必要和重要的。在实际推销活动中，常用的推销器材及其功用见表3—1—2。

表3—1—2　　常用推销器材及其功用

类　别	器　材	功　用
视听器材	商品实体、样品、产品目录、音像制品、图文资料等	展示商品，吸引顾客的注意力，使顾客能够直观地感受到商品
宣传器材	广告作品、产品说明书、产品价目表、检验报告、鉴定证书等	增强推销人员说明产品的效果
签约器材	票据、合同文本、印章等	交易一旦达成，随时履行有关签约手续，不至于贻误时机
其他器材	笔、计算器、笔记本、顾客档案或资料卡片、单位介绍信、名片、身份证等	方便随时启用和取用

三、推销人员的准备

1. 推销人员的素质准备

推销员进入行业的门槛比较低，但要成为出类拔萃的优秀推销员却很难。推销员的素质在推销工作中有十分重要的作用，因此也是推销接近准备的一个重要内容。一般地，推销员应当具备的素质见表3—1—3。

表3—1—3　　推销员应当具备的素质

素质目标		素质目标概述
思想素质	事业心	遵守国家法令，献身推销事业，坚定事业成功信念
	责任感	完成销售任务，维护企业形象，满足顾客需求

续表

素质目标			素质目标概述
专业素质	具有现代推销观念		以顾客为中心，满足顾客需求，维护商业道德
	专业知识丰富	企业方面	掌握企业概况、营销战略及策略、生产规模、销售政策、服务项目等
		产品方面	掌握产品的生产过程、制作工艺、技术性能、操作示范方法、维修服务项目等
		市场方面	进行市场调研与预测，尤其是对购买力、购买欲望、竞争者进行调研
		顾客方面	掌握顾客的文化因素、社会因素、个人因素、动机因素、经验因素等
		竞争方面	了解现实竞争者、潜在进入者以及顾客的各种信息；了解产品替代品的各类信息
身体素质			身体健康、精力充沛
心理素质			具有超强的抗挫折能力，心态平和，善于管理情绪，气度宽容
性格特质			性格外向、善于沟通，追求自我价值的实现

2. 推销人员自身形象的准备

拜访客户时，推销人员的形象非常重要。推销人员宜从服装、仪容、言谈举止乃至表情动作上力求自然，保持自然而然的良好形象。一般情况下，推销人员可穿着公司的统一服装，让顾客觉得公司很正规，企业文化良好。另外，男士应避免留长发、染夸张颜色的头发，不要佩戴夸张饰品。女士应避免散发、着超短裙及领子过低的上衣，不佩戴过多饰品。

3. 推销人员的计划准备

推销人员在拜访客户之前，要做好相关计划准备。首先通过电话沟通，对顾客性格作初步的分析，选好沟通的切入点，做好应答准备。其次制定科学的拜访路线，统一安排好工作，合理利用时间，提高拜访效率。再次计划好开场白，例如：如何进门、如何说第一句话等，都要事先有所准备。最后，推销人员要计划好时间，提前与客户预约，并严格守时，最好可以提前到达。首次会谈的时间也不宜过长，以免引起客户的反感。

任务实施

恒通公司面对竞争激烈的计算机销售市场，首先要对苏锡常地区这一次信息化改造带来的准顾客进行分类，分清是消费者还是组织顾客，对不同的准顾客进行不同的接近准备。

一、消费者的资料准备

张可欣通过网络搜索、专业媒体平台、IT专业市场现场问卷及走访调查等方式掌握了以下几个方面的信息（见表3—1—4）。

二、组织顾客的资料准备

针对无锡市惠山区、锡山区政府办公室，苏州天河生化制药公司，常州天胜地产公司等组织顾客，张可欣通过浏览当地的专业网站（如信息咨询平台、IT相关网站等）、查阅上述公司主页网站上的招标通告等方式，了解了其需求状况、支付方式等信息，同时还关注了这些组织顾客的组织人事状况、影响购买决策的因素、目前的进货来源，以及他们与供应商的关系、合作的发展前景、竞争对手情况等。

表 3—1—4　　消费者的资料准备

信息内容	具体分类	信息搜集情况
消费者的用途	为满足工作需求的政府工作人员	数量汇总：100 人
	在家办公的各类工作人员	数量汇总：300 人
	单位使用 OA 办公系统的工作人员	数量汇总：200 人
	喜好网络游戏、聊天的家庭用户	数量汇总：400 人
	有意将有线网络改造为无线网络的消费者	数量汇总：300 人
消费者的配置要求	新购置计算机的消费者	描述：准备购置的时间、价位、配套要求等
	已有计算机需要改进升级的消费者	描述：改造升级计算机的功能性需求；主要改造升级的机器部件；改造升级准备投入的金额

此外，张可欣还通过本次信息化改造的政府负责部门、信息化改造产品招标会、本行业竞争对手等渠道丰富和完善了涉及本次信息化改造的组织顾客资料（见表 3—1—5）。

表 3—1—5　　组织顾客资料的准备

组织顾客名称	资料信息	配合本次信息化的力度及受益
无锡市惠山区、锡山区政府办公室	地址、管理者、信誉状况、结算方式、购买数量、购买审批权限等	强力支持本次“信息化”改造
苏州天河生化制药公司	经营地、法人代表、竞争者状况、技术设备水平、信誉及形象等	满足 3C 认证①，与境外生化制药行业竞争
常州天胜地产公司	经营地、所有者信息、经营规模、购买习惯、信用及结算方式等	通过改造获益，提升经营环境

三、推销器材的准备

需要准备的推销器材包括公司介绍、产品的彩印图片、公司的销售文件资料、有代表性的计算机样机、演示时用到的应用软件、汇报演示 PPT、名片、组织顾客的联系方式等。

四、推销员个人素质的准备

（1）针对 IT 行业、信息化技术做专业方面的准备，如 IT 行业目前的总体状况，IT 行业中软件、硬件的总体构成，IT 行业有代表性的厂家、企业、产品等。

---

① “3C 认证”即“中国强制性产品认证制度”（英文名称为 China Compulsory Certification），是我国按照世贸组织有关协议和国际通行规则，为保护广大消费者人身和动植物生命安全，保护环境、保护国家安全，依照法律法规实施的一种产品合格评定制度。

（2）熟悉本公司自身的各类产品，如产品系列情况、产品的详细品名、规格型号、定位、功能、价格以及产品优劣势等。

（3）了解竞争对手的情况，并熟悉与竞争对手之间的优劣势，如竞争对手的产品特点、质量、价格、功能、市场占有率及优劣势等。

（4）了解组织顾客的采购流程、常用招投标文书的起草方法、演示方案的现场制作方法，还要做好现场讲解能力的准备工作。

此外，推销员在与顾客接近前，还要为自己在服装、仪容、言谈举止乃至表情动作上做准备，力求保持自然而良好的形象；并提前对顾客的个人资料进行熟悉，了解其性格、爱好、习惯等。

思考与练习

一、简答

1. 谈谈推销人员个人素质在推销接近时的作用。

2. 为什么接近不同的准顾客需要收集资料的侧重点是不同的？

二、案例分析

“真爱一生”影楼位于江城最繁华的商业街上，是该市规模最大、口碑最好的婚纱摄影影楼。张林是音乐电台的销售代表，正在拜访该影楼的总经理王强。

张林和王强会面，拟推销音乐电台的广播时间来为“真爱一生”影楼做广告。

张林：“您好，黄总！今天好吗？”

王强：“很好。顺便提一下，我不姓黄，我姓王，三横一竖王。”

张林：“哦，对不起。王总，今天天气不错，我请您去钓鱼吧，咱们边钓边谈，好吗？”

王强：“抱歉，我不喜欢钓鱼。请问，我能为你做点什么？现在是国庆前夕，正是婚纱摄影的旺季，我很忙！”

张林：“您肯定很忙，您这里是新人们拍摄婚纱照的首选影楼。”

王强：“谢谢你的夸奖，现在你能否说一说来这里的目的？”

张林：“好！首先，让我做个自我介绍，我是音乐电台的张林，今天来是想向您介绍一下音乐电台广告时段的情况。”

王强：“啊，是这么回事呀，不过，我们一直在报纸上做广告，而且效果很好呀！”

张林：“但是您至少可以尝试一下，说不定会有意想不到的效果。”

王强：“也许将来我会尝试一下，但眼下我还不想通过广播做广告。对不起，我要工作了。”

问题：

1. 张林的初次见面策略合适吗？他犯了哪些错误？

2. 如果让你接近王强这样的顾客，你会如何做好接近准备？

三、调查报告

寻找一位推销人员，进行访谈调研，并整理成调查报告，调研提纲如下：

1. 您的主要工作任务是什么？

2. 您是如何寻找推销对象的？
3. 您接近顾客时要搜集哪些信息？
4. 您推销的是什么产品，您了解您的产品吗？
5. 您认为如何才能成为一名优秀的推销员？

任务2 接近实施

任务引入

恒通公司的张可欣来到苏锡常地区，前期做了如下工作：寻找需要进行信息化改造的准顾客，审查这些顾客的资格，运用很多约见顾客的方法前往拜访，收集顾客资料，了解顾客的购买需求等。那么，接下来张可欣该如何根据不同的顾客采用相应的接近方法呢？

任务分析

接近顾客是推销活动中一个重要的环节，接近顾客是让顾客了解和注意商品，进一步了解顾客的需求，以便为后续的推销洽谈做准备。张可欣在接近顾客之前首先要明确推销活动的目的，然后根据不同的目的和不同类型的顾客，采用恰当的接近策略和方法。

相关知识

一、接近顾客的目的

接近顾客是指推销人员为推销接洽的顺利开展而与推销对象正式接触的过程。作为整个推销过程的一个阶段，接近顾客有其特定的目的，具体内容见表3—2—1。

表3—2—1 接近顾客的目的

类型	说明
验证事先所得信息	推销人员应利用接触顾客最初的时间，运用观察、提问、倾听等方法，验证收集到的顾客信息是否准确。如果发现原有的信息错误，应迅速加以改正
引起顾客的注意	推销人员必须在洽谈一开始就设法吸引顾客的注意力，给顾客留下良好的第一印象，从而使顾客更快地了解产品的特征与用途
培养顾客的兴趣	在推销过程中不仅要引起顾客的注意，更要使顾客对产品产生兴趣，激发顾客的购买欲望
顺利转入实质性洽谈	引起顾客的兴趣和注意，并不是接近的最终目标。接近的主要任务是与顾客自然而然地转入实质性洽谈阶段，以便促成交易

二、接近顾客的基本策略

设计和运用正确的接近策略是推销洽谈顺利进行的保证，接近顾客的基本策略见表3—2—2。

表3—2—2　　接近顾客的基本策略

基本策略	具体要求	注意事项
迎合顾客策略	推销人员应以不同的方式、态度去接近不同类型的顾客。依据事前获得的信息或接触瞬间的判断，选择合适的接近方法	注意应根据顾客的语言风格、服装仪表、情绪等作出相应的策略改变。例如，玩具推销员针对孩子推销时可以采用各种戏剧性的方式接近顾客
调整心态策略	在与陌生顾客接近的过程中，推销人员应学会放松和专注的技巧，设法克服推销恐惧症	想象可能发生的最坏情况，并做好应对准备。积极的心态能够给推销带来成功的希望
减轻压力策略	一般在推销员接近顾客时，会使顾客产生一种无形的压力，似乎一旦接受推销人员的讲解就承担了购买的义务。正是这种心理压力，使一般顾客害怕接近推销人员，或者冷淡对待和拒绝推销人员的接近	顾客的心理压力是推销人员接近顾客的阻力，若能够减轻或消除顾客的心理压力，就可以减少接近的困难，顺利转入后面的洽谈。推销人员可以先隐藏自己的推销动机，采用馈赠等其他方式去接近顾客，从而减轻顾客的心理压力
控制时间策略	推销人员必须善于控制接近时间，不失时机地转入正式洽谈	推销接近的最终目的是为了进一步的洽谈，而不仅仅是引起顾客的注意和兴趣

三、接近顾客的方法

在实际的推销工作中，常用的接近顾客的方法有以下七种。

1. 产品接近法

产品接近法又叫实物接近法，是指推销人员直接利用所推销的产品引起顾客的注意和兴趣，从而顺利转入推销洽谈的接近方法。例如，一个塑料品推销员了解到某汽车经销商有50辆新车存放在露天停车场，他没有直接建议经销商购买自己的产品把汽车遮盖起来（防风防雨保护汽车），而是直接把一块透明塑料布样品递给经销商，“请您使劲撕扯这块塑料布，试试能否把它撕烂?”不易撕烂的塑料布当然是盖车的好材料。让顾客亲自检验它的质量，就会引起顾客的注意，坚定购买的决心。对产品接近法的说明见表3—2—3。

表3—2—3　　产品接近法

适用及举例	注意事项
一般适用于推销员与顾客第一次见面时推销产品。推销人员须通过产品自身的优点和特性来刺激顾客的感官，如视觉、听觉、嗅觉、触觉等，通过产品无声的自我推销来吸引顾客，引起顾客的兴趣，以达到接近顾客的目的	要求产品必须是有形的实物产品，且具有独特的魅力和明显的差别优势。这类产品应具有质量优良、不易损坏、精美轻巧、便于携带等特点
贺卡推销员在教师节来临之际，深入学生当中进行推销，他随身携带了设计精美的60多款贺卡，琳琅满目，引起了学生的极大兴趣	

2. 利益接近法

利益接近法是指推销人员以顾客所追求的利益为中心，简明扼要地向顾客介绍产品能为顾客带来的利益，满足顾客的需求，从而达到正式接近顾客的目的。顾客之所以购买产品，是因为它能给自己带来一些实质性的利益或提供解决问题的方法。对利益接近法的说明见表3—2—4。

表 3—2—4　利益接近法

<table>
<tr><th>适用及举例</th><th>注意事项</th></tr>
<tr><td>一般适用于顾客有强烈的求利心理的情况。推销人员要善于利用顾客求利的心理，从实际利益（包括显性利益、隐性利益）出发打动顾客，增强其购买欲望</td><td rowspan="2">推销人员在运用这一方法时，需要实事求是地陈述产品的利益，不可夸大其词，无中生有，欺骗顾客，避免带来不良后果。推销品的利益应具有可比性，使顾客认识到它比市场上同类产品具有明显的优势，能给自己带来更多、更好、更实际的利益</td></tr>
<tr><td>折叠床推销员介绍说："这种折叠床既可放开做床用，又可以折起来做待客用的沙发，经济实惠，方便实用，适用于目前居住条件还不是很宽敞的家庭。更重要的是，它比目前市场上的同类产品便宜三成。"</td></tr>
</table>

3. 介绍接近法

介绍接近法是指推销员通过自我介绍或经过第三者介绍而接近顾客的方法。介绍的形式可以是口头介绍，也可以是书面介绍。介绍接近法一般适用于第一次与陌生顾客见面时的推销，并且要有可利用的与顾客熟悉的关系。对介绍接近法的说明见表 3—2—5。

表 3—2—5　介绍接近法

<table>
<tr><th colspan="2">介绍方式</th><th>适用及举例</th><th>注意事项</th></tr>
<tr><td rowspan="2">自我介绍法</td><td rowspan="2">推销员通过自我口头表述，通常同时用到名片、身份证、工作证等</td><td>口头介绍可以详细解说一些书面文字和材料无法了解清楚的问题，利用语言优势取得顾客的好感</td><td rowspan="2">这种方法很难在一开始就引起顾客的注意和兴趣。因此，通常还要与其他方法配合使用以顺利地进入正式面谈。特别注意及时辅以身份证、工作证等证件，以消除顾客心中的疑虑</td></tr>
<tr><td>"王先生您好，我叫张林，在 IBM 公司任职，我想向您介绍一下有关我公司最新生产的笔记本电脑的情况。"</td></tr>
<tr><td rowspan="2">他人介绍法</td><td rowspan="2">推销员利用与顾客熟悉的第三人，通过打电话，写信函、字条，或当面介绍的方式接近顾客</td><td>在推销员与顾客不熟悉的情况下，托人介绍是一种行之有效的接近方法，其优点是快捷有效，可信度高</td><td rowspan="2">切记不要虚构别人的介绍。若能出示引荐人的名片或介绍信，效果更佳</td></tr>
<tr><td>"何先生，您的好友张平先生介绍我来找您，他觉得您可能对我们的印刷机感兴趣，因为这些产品已经为他的公司带来了很多好处与方便。"</td></tr>
</table>

4. 询问（问题）接近法

询问（问题）接近法是指直接面对顾客提出有关问题，通过提问的形式激发顾客的注意力和兴趣点，进而顺利过渡到正式洽谈的一种方法。推销员提出的问题，重点应放在顾客感兴趣的主要利益和他所希望解决的问题上。例如，顾客的主要动机在于节省金钱，提问就应着眼于经济性；如果顾客的主要动机在于求名，提问则应着眼于品牌价值。对询问（问题）接近法的说明见表 3—2—6。

表 3—2—6　询问（问题）接近法

适用及举例	注意事项
适用于顾客没有主动需求，需要推销员创造需求的产品或场合	推销人员在提问与讨论中应注意：第一，应将发问点放在顾客感兴趣的方面，且提出的问题应表述明确，重点突出避免使用含糊不清或模棱两可的问句，以免顾客费解或误解
“张经理，您不觉得公司每年的办公费用居高不下么？是否要选购新品牌的办公用品呢？”	

5. **赞美接近法**

赞美接近法是指利用顾客喜欢听到好话的心理，给顾客以真诚的赞美，以拉近与顾客心理上的距离。对赞美接近法的说明见表 3—2—7。

表 3—2—7　赞美接近法

适用及举例	注意事项
适用于绝大多数顾客	第一，选择适当的赞美目标。就消费者而言，包括个人的长相、衣着、举止谈吐、风度气质、才华成就、家庭环境、亲戚朋友等；第二，选择适当的赞美方式。对于不同类型的顾客，赞美的方式也应不同，如东西方人差别，年龄差别等；第三，不能信口开河，胡吹乱捧，赞美顾客须找出别人可能忽略的特点，赞美的话要真诚，而不是虚伪地恭维
“林经理，我听到华美服装厂的张总说，跟您做生意最愉快不过了。他夸赞您是一位热心爽快的人。” “恭喜您哪，李总，我刚在报纸上看到您的消息，祝贺您当选十大企业家。”	

6. **好奇接近法**

好奇接近法是指利用顾客的好奇心理，引起顾客对推销人员或推销品的注意和兴趣，进而点明推销品的利益，以便顺利进入洽谈的接近方法。好奇接近法需要推销员发挥创造性，制造好奇的问题与事情，在解答疑问时，非常技巧地把产品介绍给顾客。那些顾客不熟悉、不了解、不知道或与众不同的东西，往往会引起他们的注意，推销员可以利用这种人人皆有的好奇心理来引起顾客的注意。对好奇接近法的说明见表 3—2—8。

表 3—2—8　好奇接近法

适用及举例	注意事项
适用于对新、特、奇产品有好奇心理的顾客	第一，引起顾客好奇的方式或事情必须与推销活动有关；第二，在认真研究顾客心理特征的基础上，真正做到出奇制胜；第三，引起顾客好奇的手段必须合情合理，奇妙而不荒诞
某地毯推销员对顾客说“您相信吗？每天只花 1 角 6 分钱就可以使您的卧室铺上地毯”，这令人好奇的问题，一下子就引起了顾客的注意，促使其仔细倾听	

7. **表演接近法**

表演接近法是指利用各种戏剧性的动作来展示产品的特点，引起顾客注意的接近方法。

在利用这种方法时，推销员必须选择有利的时机出场，合理安排剧情，表演自然，才能吸引顾客。对表演接近法的说明见表 3—2—9。

表 3—2—9　表演接近法

适用及举例	注意事项
适用于新产品或顾客以前未见过的产品的推销	在利用表演接近法时切忌过分表演，否则会引起顾客的反感，无法达到推销目的
一位消防用品推销员见到顾客后，并不急于开口说话，而是从提包里拿出一件防火衣，将其装入一个大纸袋，旋即用火点燃纸袋，等纸袋烧完后，里面的衣服仍完好如初。这一戏剧性的表演，使顾客产生了极大的兴趣	

任务实施

一、苏州天河生化制药公司的推销接近

1. 分析接近目的及顾客需求

经过前期的接近准备，张可欣了解到苏州天河生化制药公司目前正在实施企业 ERP 系统，企业对于信息化改造持积极态度。因而，接近目的在于首先验证调研所得的信息，然后引起他们的注意，让公司决策层感觉到信息化管理的高效、快捷和精细化。

ERP 系统实施后企业很多部门需要计算机实现全过程管理，对计算机设备的主要要求就是运算速度和稳定性两个方面，她将恒通公司最新推出的一款运算很快、经过权威部门测试稳定性极佳的计算机型号推荐给了该顾客。

2. 采用恰当的接近方法

张可欣准备了一台样机，安装各类必备的应用软件后用专车带到苏州天河生化制药公司的 IT 部门（产品接近法），与其负责人进行沟通。她还向天河公司详细讲解了销售及售后服务政策，展示公司给予客户的利益回报：一次性购买数额达到 10 万元的客户，将免费得到 10 套存储量为 2 T 的移动硬盘；得到免费的安装与调试；对使用人员提供不少于 10 课时的培训（利益接近法）。

二、常州天胜地产公司的推销接近

1. 分析接近目的及顾客需求

经过前期的接近准备，张可欣了解到常州天胜地产公司因信息化改造也需要部分计算机，接近该公司的目的就在于取得实质性的洽谈。

2. 采用恰当的接近方法

经询问得知（询问接近法），该公司需要计算机主要用于在售楼处前台登记公司客户资料、展示楼盘信息，考虑到地产公司售楼处对图片、宣传资料的形象设计要求极高，所以对计算机的外观造型、色彩等有特殊要求。张可欣了解到自己有一个朋友在天胜地产公司总部财务部工作，因此她利用朋友做引荐（介绍接近法），将一款外观颜色绚丽、音箱集成在液

晶显示器上的主流商用计算机推荐给了常州天胜地产公司（产品接近法）。

三、消费者的推销接近

恒通公司在常州计算机城租用商铺作为店面进行销售。考虑到计算机城内商铺间的价格竞争异常激烈，消费者往往都是“价比三家”，公司直接在展示、试用样机时（产品接近法）打出了一个超低的价格，同时还承诺将计算机主要部件的保修期由1～3年延长至5年（利益接近法）。采用这几种方法，更好地接近了消费者，为进一步推销产品打下了基础。

思考与练习

一、简答

1. 张可欣接近上述两家企业时，还有哪些接近方法可以使用？

2. 推销人员在接近消费者和组织顾客时，运用的接近方法有区别吗？

3. 接近顾客的方法有哪些？试结合实例，说明其中的一种方法。

二、情境模拟

主题：拜访顾客的开场白

要求：能够熟练运用各种开场白拜访顾客

准备：

1. 班级学生分组，每组人数应不多于5人。

2. 以小组为单位，模拟推销员使用某一开场白接近某一类型的顾客。

3. 写出几种接近顾客的开场白。

流程：

1. 各小组在实际操作中，力求运用不同方式的开场白接近顾客。

2. 以小组为单位撰写一份运用各类技巧接近顾客的开场白的书面报告。

3. 试补充完成以下开场白。

（1）先确定你的产品________，再确定你将要会面的客户________。

（2）________先生（女士），如果我们有一种方法可以________，你会感兴趣吗？

（3）我提到这个的原因是因为________，也许我们可以为您做同样的事情。我可以问您一些问题吗？

三、案例分析

情境1：

销售人员A：“有人在吗？我是××公司的销售人员张晓晓。打扰您，想跟您谈谈有关贵商店收银机的事情。”

商店老板：“哦，我们店里的收银机有什么毛病吗？”

销售人员A：“并不是有什么毛病，我在想它是否已经到了需要换新的时候。”

商店老板：“没有这回事，我们店里的收银机状况很好呀，使用起来还像新的一样。嗯，我不想考虑换台新的。”

销售人员A：“对面的李老板都更换了新的收银机啦。”

商店老板："我们目前没有更换的打算，将来再说吧！"

情境 2：

销售人员 B："郑老板在吗？我是××公司的销售人员李乐，在您百忙之中打扰您。我是负责本地区的销售人员，经常路过贵店，看到贵店生意一直都是那么好，实在是不简单。"

商店老板："您过奖了，生意并不是那么好。"

销售人员 B："贵店对客户的态度非常亲切，郑老板的培训一定非常用心。我也常常到别家店，像贵店服务态度这么好的实在不多。对面的张老板，对您的经营管理也相当佩服。"

商店老板："张老板是这样说的吗？张老板的店经营得也是非常好的，事实上我一直将她作为学习的目标呢。"

销售人员 B："郑老板果然不同凡响，张老板也是以您为学习对象，不瞒您说，张老板昨天换了一台新功能的收银机，非常高兴，才提及郑老板的事情。因此，今天我才来打扰您。"

商店老板："哦，她换了一台新的收银机呀？"

销售人员 B："郑老饭是否也考虑更换新的收银机呢？目前您的收银机虽然也不错，但是如果能够使用一台有更多功能、速度更快的新型收银机，那样能提高收银速度，让您的客户不用排队等太久，他们一定会更喜欢光临您的店。请郑老板一定要考虑啊！"

问题：

1. 比较情境 1、2 中推销人员 A 和 B 接近顾客的方法，各有什么优、缺点？

2. 认真分析案例中的推销细节，提出具体的改进意见。

学习情境四　推销洽谈

知识、能力框图

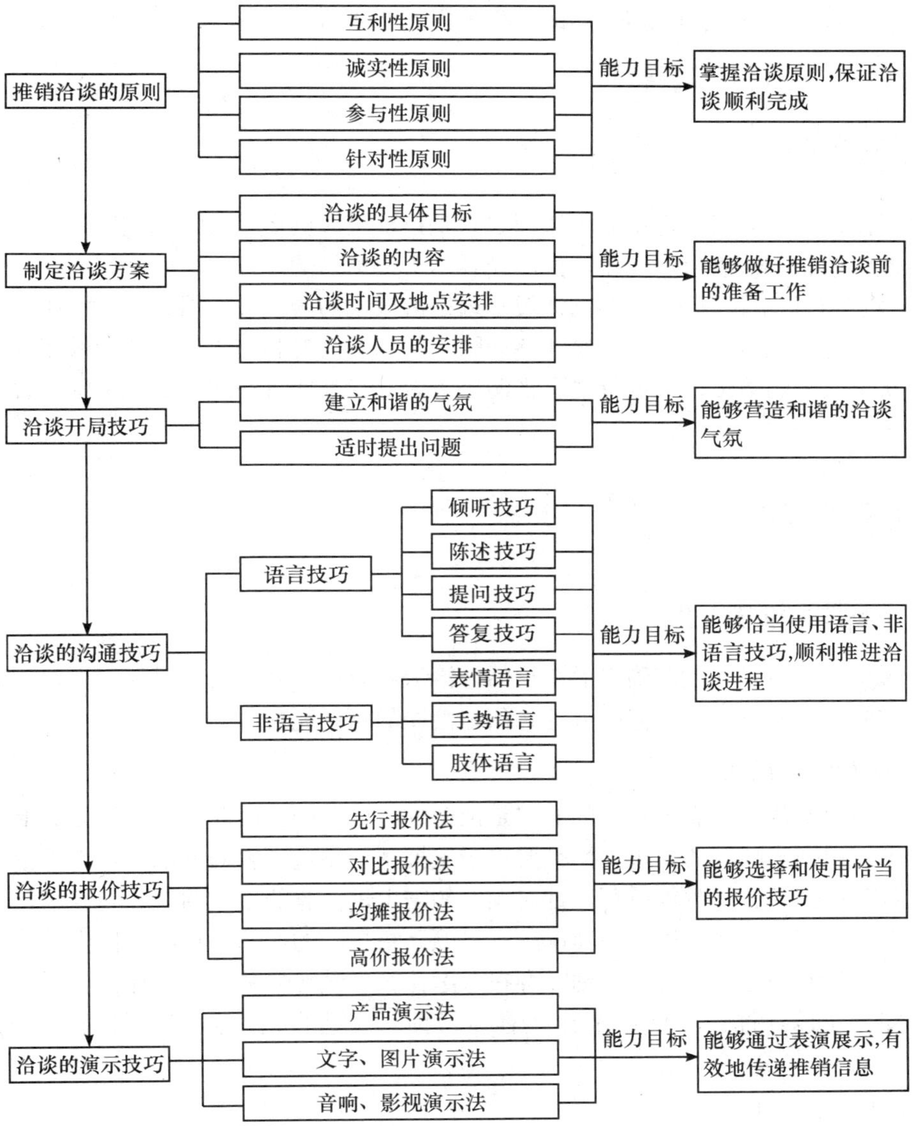

- 推销洽谈的原则
  - 互利性原则
  - 诚实性原则
  - 参与性原则
  - 针对性原则
  - 能力目标：掌握洽谈原则，保证洽谈顺利完成
- 制定洽谈方案
  - 洽谈的具体目标
  - 洽谈的内容
  - 洽谈时间及地点安排
  - 洽谈人员的安排
  - 能力目标：能够做好推销洽谈前的准备工作
- 洽谈开局技巧
  - 建立和谐的气氛
  - 适时提出问题
  - 能力目标：能够营造和谐的洽谈气氛
- 洽谈的沟通技巧
  - 语言技巧
    - 倾听技巧
    - 陈述技巧
    - 提问技巧
    - 答复技巧
  - 非语言技巧
    - 表情语言
    - 手势语言
    - 肢体语言
  - 能力目标：能够恰当使用语言、非语言技巧，顺利推进洽谈进程
- 洽谈的报价技巧
  - 先行报价法
  - 对比报价法
  - 均摊报价法
  - 高价报价法
  - 能力目标：能够选择和使用恰当的报价技巧
- 洽谈的演示技巧
  - 产品演示法
  - 文字、图片演示法
  - 音响、影视演示法
  - 能力目标：能够通过表演展示，有效地传递推销信息

任务1 洽谈准备

任务引入

同力公司是一家生产教学设备的公司，现得知华英职业学校要将一批教室改建为多媒体教室，需要购置投影仪等相关设备，并且这只是第一期的需求，学校还将在接下来的时间里陆续将全部教室进行分期改建。同力公司销售部的人员在他人介绍下已与华英职业学校电教中心负责人有过前期接触，现准备就此事宜进行洽谈。在洽谈前，应该做哪些准备工作呢？

任务分析

推销洽谈即推销面谈，也称业务谈判。它是指推销人员运用各种方式、方法和手段，向顾客传递推销信息，协调双方利益，说服顾客购买推销品的过程。

“凡事预则立，不预则废”，知己知彼永远是洽谈成功的法宝。因此，在洽谈前，同力公司首先要利用各种渠道和方法，收集并整理顾客的基本情况和需求信息，如顾客的所有制性质、资信状况、采购数量、采购价格、采购决策人等；其次，在此基础上制定出合理的洽谈方案。

相关知识

一、推销洽谈的目的

在洽谈正式开始之前就应确立洽谈目的。洽谈者只有明确了洽谈目的以后，才能明确自己的努力方向，才能在洽谈中把握分寸，保证洽谈的顺利完成。

1. 寻找顾客的真正需要

现代推销观念认为，满足顾客的需求是推销的最终目的。因此，一个优秀的推销人员必须能够准确地识别出顾客的需求，而且要善于发掘甚至创造顾客的需求。在洽谈中，推销人员要通过观察、询问、倾听等技巧，针对顾客的需求进行有的放矢的谈话和演示；千万不能在每个顾客面前都是千篇一律的一套说辞，只顾介绍自己的产品、自己的价格政策或对顾客的优惠措施，却不去思考、判断此刻顾客在考虑什么，顾客最关心的是什么。这样的推销结果可想而知。所以，推销员应尽量让顾客多说话，表达自己的意图，以判断顾客的真正需求。

2. 传递产品信息

有关研究表明，人们总是更愿意相信那些客观、恰当的信息。因此，为促使顾客采取购买行为，推销人员应通过口头语言或者推销样品和其他必备的推销工具，与顾客进行沟通交流，在实事求是的基础上，将产品的特性、优势和利益准确、全面地传递给顾客，使顾客对商品及交易条件有充分的了解，为购买决策提供依据。

3. 诱发购买动机

购买动机取决于顾客的需求，诱发顾客购买动机并非一件简单的事情。因为顾客的动机往往是多种多样的，有的还深藏不露。例如到美容院做面部护理，有人是为了改善肌肤，有人是将之当成一种休闲的生活方式，有人是为了显示富有与成功。因此，诱发顾客的购买动机就是在了解顾客需求的基础上，帮助顾客明确问题、分析问题和解决问题的过程。

4. 促使顾客采取购买行为

推销洽谈以最终说服顾客采取购买行为为目的，在诱发顾客的购买动机后，顾客会产生相应的情绪反应和意志行为，甚至会产生复杂的心理冲突。最终，顾客会作出购买或者不购买的决策。在洽谈过程中，推销人员必须准确把握顾客购买决策的心理冲突，利用理性和情感两种手段，促使其尽快作出购买行为。

二、推销洽谈的原则

推销洽谈的原则是指导推销人员具体洽谈协调的准则。在推销洽谈过程中，推销人员为了达到推销目的，可以利用各种洽谈的技巧、方法去说服顾客。但无论采用何种手段和技巧，都必须遵循下列原则，把握好尺度。

1. 互利性原则

推销洽谈不是某一方单纯追求自身利益的过程，而是双方就各自利益需求不断沟通和妥协而达到一致的过程。因此，一味地坚持本方的利益而忽视对方的利益，寸步不让，就会扩大分歧，难以促成交易。而如果只注重对方的利益，一味退让，又会损害本方的利益，达不到预期的经济效果。一项谈判有四种可能：我赢你输、你赢我输、你输我输、你赢我赢。前两种结果实际上是一方侵占了另一方的利益，必然是“一锤子买卖”；第三种则是双方都不愿意看到的，因而应尽力避免；而第四种结果达成了互利互惠，这是双方通力合作的成果。

【案例】　某国曾与墨西哥就天然气的买卖进行洽谈，但该国以强国自居，无视墨西哥谈判代表团的感受，在合同文本中，将墨西哥的需求置之度外。结果，墨西哥代表团感受到侮辱而中断了谈判。

2. 诚实性原则

诚信无欺既是职业道德，也是谈判双方交往的感情基础。推销人员在推销洽谈过程中要真诚地对待顾客，不玩弄骗术。要树立良好的推销信誉，做到文明推销、合法推销。

（1）卖真货、讲真话、出实证。

【案例 1】　一家服装店来了两位顾客，要买一套西服。售货员是一位小姑娘，她马上将一套意大利西服取下，让顾客试穿。该顾客人高马大，西服穿在身上很紧绷，任谁看了都觉得不合适。但这位小姑娘一个劲地讲：“不错！不错！挺好的！”，想催促顾客赶快买下。这时，另一位顾客向试衣服的顾客使了个眼色，试衣服的顾客把衣服放下就走了。不仅如此，这两位顾客从此以后再也没有光顾过这家服装店。

千万不要将顾客当成傻瓜，否则销售人员只会“自取其辱”或“自食其果”。做人最重要的品质是诚实，做销售也是如此。

【案例 2】 有一个房地产经纪商是这样对待顾客的：他和顾客一起去看房子，看到顾客对房子很感兴趣，就对顾客说：“很高兴您喜欢这套房子，它的优点我们也都看到了，但我不得不提醒您，这套房子也存在一些问题：①取暖设备需要彻底检修；②车库需要粉刷；③房子后面的花园需要整理。”顾客很感激经纪商把问题如实指出来，又与他继续讨论房子交易的其他一些问题。最后圆满达成交易。

（2）不轻易许诺，一旦承诺或达成协议，就必须严格履行。

【案例】 我国南方某省一个偏僻地区的一位消费者到外地出差，顺便买回一台某品牌电视机。这位顾客将电视机带回家中，一家人挺高兴。没想到，不久电视机就出现了问题。顾客想到，购买时推销人员曾向其承诺“终身保修”“三年内出现问题免费上门维修”等服务，于是马上找出了电视机的保修卡，按照上面登记的电话号码给厂方打去了电话。结果，厂方在电话中告诉这位顾客：“我们在一些大城市都设有维修中心，如果您购买的确实是我们的产品，并且手续齐全，那么您可以随意到其中的任何一家维修中心进行维修。”可是，顾客发现，所有的维修中心离自己所住的地方都很远，根本不可能前去维修，无计可施的顾客只能对着一台有待维修的电视机发愁。此后，离顾客家不远的一个小镇上有了许多品牌的电视机销售点，周围的邻居们陆续购买了电视机，但是大家都不约而同地拒绝购买上述厂家的产品。因为他们认为，“这个牌子的电视机容易坏，而且坏了还没法修”。

3. 参与性原则

参与性原则是指推销人员引导顾客积极参加推销洽谈，接触推销品，促进推销信息的双向沟通，增强推销洽谈的说服力。参与性原则要求推销人员必须与顾客打成一片，要设法引导顾客积极参与洽谈过程。例如，引导顾客发言，请顾客提出和回答问题，认真听取顾客的意见，让顾客试用推销品等。这些活动可以使顾客积极参与推销活动，产生满足感，从而充分调动顾客的积极性和主动性，创造有利的洽谈气氛，提高推销洽谈的成功率。

【案例】 小李是一家家庭装饰公司的推销员，在接待顾客时，小李总是首先询问顾客对室内装修的总体想法，了解各房间尺寸，然后通过计算机软件模拟装修后的效果，根据顾客的意见，随时改进装修方案，因此顾客很容易接受小张的建议，并且很快就签订了装修协议。

4. 针对性原则

针对性原则是指推销人员必须服从推销目的，使洽谈本身具有明确的针对性。

（1）针对顾客的购买动机开展洽谈。顾客需要什么，推销人员就推销什么。推销洽谈应该从顾客的购买动机出发，加以引导。顾客的购买动机是多种多样的，如求实、求廉、求新、求美、求奇、求异、求安全、仿效、好胜、嗜好等，推销人员应该以此为基础，有针对性地组织洽谈内容。

（2）针对顾客的个性心理特征开展洽谈。从心理学的角度来看，不同的顾客具有不同的个性心理特征。例如，有的内向，有的外向，有的善变，有的顽固，有的自卑，有的自傲，有的慎重，有的草率，有的冷淡，有的热情。推销人员只有针对不同个性心理的顾客采取不同的洽谈策略才能取得实效。

例如，推销同一款产品给不同的顾客，对于理智稳健型的顾客，由于他们不容易被推销人员的言辞说服，对疑点必详细询问，所以要在推销时加强产品质量、公司背景性质、产品独特优点的说明，说明要有理有据，获取顾客的理性支持。对盛气凌人型的顾客，态度要不卑不亢，心平气和地洗耳恭听其评论，稍加应和，进而因势利导，委婉更正与补充对方。对于优柔寡断型的顾客，则态度一定要坚决而自信，边谈边察言观色，不时准备捕捉其内心矛盾之所在，有的放矢，抓住其要害之处晓之以利，并步步为营扩大成果，促成其下定决心，达成交易。

（3）针对推销品的特点开展洽谈。推销人员要根据推销品的特点设计洽谈方案，突出产品特色，增强产品的竞争能力，使自己处于有利的竞争地位。

【案例】　一家电讯公司推出低辐射手机。销售小姐说：“健康就像我们花小钱坐公共汽车、吃饭、喝矿泉水、抽烟。结果钱不知不觉就花光了，健康也是这样，一不留意就没了，所以我们一定要注意保护自己。这款手机是我们公司特地研发的低辐射手机，可以很好地保护人体不受辐射。”

5. 鼓动性原则

推销人员要在洽谈中用自己的信心、热情和知识去感染、鼓动顾客，促使顾客采取购买行动。推销洽谈既是说服的艺术，也是鼓动的艺术，洽谈成功与否，关键在于推销人员能否有效说服和鼓动顾客。推销人员必须对自己以及推销的产品充满信心，必须热爱自己的推销事业，热爱顾客，以一种能激励顾客购买的热情、充分利用各种推销工具、营造出购买决策的环境氛围，调动和激发起顾客的信心和热情，促使顾客采取购买行为。

三、收集整理信息

推销洽谈的实质是说服顾客，并与顾客达成一致的协议过程。这个过程需要与顾客主动地进行双向沟通，并协调双方的利益。所以推销员必须在洽谈开始之前准确、全面地掌握洽谈顾客的相关信息。

1. 了解洽谈顾客的基本情况

这里所指顾客的基本情况与推销接近准备的资料类似。

对于消费者，应了解其姓名、年龄、职务、性格、特点、偏见、爱好、工作作风等，这样可以在洽谈时与顾客拉近距离，有针对性地进行交流。

常用的客户资料卡见表4—1—1。

对于组织型顾客，推销人员应掌握该组织的基本情况，如所有制性质、规模大小、职工人数、交通条件及通信联络方式，以及组织的生产经营范围、资信与财务状况、组织发展方向、采购习惯、规章制度和办事程序等。此外，要了解参加洽谈的对方人员的相关信息，如该洽谈人员是否能代表公司对外进行洽谈，是否具有决策权，有多大的授权范围，一般来说，对方参加洽谈的人员规格越高，表明对方对此次洽谈的重视程度越高。另外，洽谈人员的性格、爱好、做事风格等，都是非常重要的信息。

表 4—1—1　　客户资料卡

<table>
<tr><td>姓名</td><td></td><td>出生年月</td><td></td><td>联系电话</td><td></td></tr>
<tr><td>家庭地址</td><td colspan="5"></td></tr>
<tr><td>工作单位</td><td></td><td>单位地址</td><td colspan="3"></td></tr>
<tr><td>职务及工作内容</td><td colspan="5"></td></tr>
<tr><td colspan="2">配偶姓名与年龄</td><td colspan="2"></td><td>子女姓名与年龄</td><td></td></tr>
<tr><td colspan="2">兴趣爱好</td><td colspan="4"></td></tr>
<tr><td colspan="2">参加的社团及职位</td><td colspan="4"></td></tr>
<tr><td colspan="2">为人（性格）</td><td colspan="4"></td></tr>
<tr><td colspan="6">业务员工作方面</td></tr>
<tr><td colspan="2">预计拜访的时间、地点</td><td colspan="4"></td></tr>
<tr><td colspan="2">拜访的次数</td><td colspan="4"></td></tr>
<tr><td colspan="2">拜访的内容</td><td colspan="4"></td></tr>
<tr><td colspan="2">拜访后的印象</td><td colspan="4"></td></tr>
<tr><td colspan="2">是否有成交的可能</td><td colspan="4"></td></tr>
<tr><td colspan="2">用什么方法促成成交</td><td colspan="4"></td></tr>
<tr><td colspan="2">补充内容</td><td colspan="4"></td></tr>
</table>

2. 明确顾客的需求

顾客的需求是购买的前提和基础，满足顾客需求是推销的主要目的。为此，推销人员必须认真研究了解顾客的真实需求，设身处地地为顾客着想，这样顾客才会接受推销建议并积极配合。顾客的个性心理是有差异的，有的注重产品的功能和质量，有的注重产品的形象和外观，有的注重产品的使用与服务。因此，推销人员应收集掌握顾客的需求资料。

3. 熟悉产品和服务

一次成功的推销与销售人员对本产品及本行业专业知识掌握的程度有着直接关系。推销人员对产品的性能、材料、使用方法、功效，所推销产品的特色，以及它能为顾客带来什么好处等都要明确。只有熟悉了产品，在洽谈中充分地解答和处理来自顾客关于产品方面的异议，把顾客的需求与所推销的产品联系起来，促使顾客接受，才能赢得顾客的信赖。

4. 了解竞争方面的信息

市场经济的发展使得竞争愈发激烈，因此，推销人员在熟悉自己公司产品的基础上，必须要清楚竞争者的动态和竞争产品方面的信息。这类信息主要包括：同类产品竞争者的数量、竞争状况、竞争者的营销策略、各产品或品牌在定位或风格上的差异性等。通过产品竞争情况调查，使推销人员在洽谈时更加主动，有利于击败竞争对手。

四、制定洽谈方案

洽谈方案是推销人员在洽谈之前对洽谈目标的具体化和细分化，是在充分了解产品、市场和顾客的基础上，制定的科学、可行的推销洽谈方案，是对洽谈过程事先的规划和安排。它对于洽谈活动的顺利进行，具有重要的指导意义。洽谈方案一般包括以下内容。

1. 洽谈的具体目标

准备洽谈的第一步就是确定目标，即想从洽谈中得到什么。常用的洽谈目标建议表见表4—1—2。

表4—1—2　　洽谈目标建议表

序号	建议
1	写出所有的目标，然后按优先级排序
2	明确可以让步的问题和不能让步的问题
3	用一句话来描述每个目标

洽谈的目的在于向顾客传递信息，诱发顾客的购买动机，说服顾客作出购买决定。但是，在很多洽谈场合，由于各方面因素的影响，往往很难达到期望的洽谈目标，而只能部分实现或实现低于期望的洽谈目标。因此，在洽谈过程中，必须首先为自己设计好几种可能的洽谈结果，然后根据洽谈进展情况随时调整自己的目标，力争实现最优目标，确保实现最低目标。

（1）最优目标。也称最高目标，是最有利的一种理想目标，如最优价格目标、最优销售目标、长期合作目标等。在满足了谈判方的利益和需求之外，还有一个“额外的增加值”。但是这一目标在实践中往往难以实现，在洽谈时可以放弃这一目标。

（2）可接受的目标。是指洽谈人员根据各种主客观因素而定出的比较实际的、在几种目标对比下最可能实现己方利益的目标。这一目标的实现，意味着洽谈的成功，所以在推销洽谈中，只要条件允许，一定要力争实现这一目标。

（3）最低目标。是指推销洽谈中必须保证达到的最基本的目标，是洽谈目标的最底线，毫无讨价还价的余地，宁愿谈不成也不能放弃。只有实现最低洽谈目标，谈判方才能获得一定的利益。

2. 洽谈的内容

与商品交易有关的各项交易条件都是推销洽谈的主要内容，应事先在洽谈方案中确定下来。一般包括以下几个方面。

（1）商品的质量。质量包括外观形态和内在质量，具体来说表现为商品的化学成分、物理性能和造型、结构、规格、色泽、味觉等特征。由于质量是顾客非常关心的问题，所以，在洽谈方案中，要根据商品的特性，选择适合的质量表述方式。常用的质量指标主要有：商品的规格，如成分、大小；商品的等级，如一、二、三或甲、乙、丙等；商品的标准，如“国家标准”“行业标准”“国际标准”“协议标准”等。要注意，凡是能用一种表述方式表示清楚的就不用两种，必须要用两种或两种以上方式表示的，一定要明确是以哪种为主。推销人员介绍产品质量应具体、细致、通俗，并且要有重点。

（2）商品的价格。价格的高低直接关系到卖方的经营成果和买方的经营成本，是洽谈中非常敏感和重要的话题。任何顾客对商品价格都有他自己的理解，这主要取决于顾客需求的迫切程度、需求层次、支付能力和消费心理等。在价格洽谈中，顾客通常会在了解市场行情和货比三家的基础上来要求压低价格，而推销人员通常要强调本产品的特点和优势，向顾客证明自己的报价是合理的。

(3) 商品数量。成交商品的数量不仅关系到卖方销售计划和买方采购计划是否能完成，而且也与成交价格有关，关系到双方的经济利益。因此，首先要明确数量的计量单位，这也会避免交货时发生纠纷。一般来说，一次订购的数量越多，价格就越低。

(4) 销售服务。推销人员应从企业的实际出发，本着方便顾客的原则，为其提供优良的服务。销售服务的内容包括：送货方式、送货地点、运输方式等；交货时间；提供零配件、工具供应、技术咨询和培训服务等；安装、维修、退换等。

(5) 结算条件。在洽谈方案中，必须先明确结算问题，包括结算的方式和时间。双方应本着互利互惠、互相谅解、讲求信誉的原则进行磋商。具体包括：采用现款还是采用本票、汇票、支票方式支付；是一次付清、延期一次付清，还是分期付清，以及每次付款的时间和数额；在付款时间方面，是提前预付，还是货到即付或其他方式。

(6) 其他保证性条款。主要是指进一步明确双方在交易中的权利和义务，担保措施，纠纷解决的办法等。

3. 洽谈的时间和地点

对于一些大型的比较复杂的推销洽谈，为保证洽谈的顺利进行，应事先在洽谈方案中确定洽谈的时间和地点，以便于各方提前准备。

(1) 洽谈的时间安排。洽谈的时间安排是否得当，直接影响到洽谈的效果，有时甚至会成为决定洽谈成败的关键，洽谈时间不同，双方的准备程度不同，需求程度也不同，进而谈判的实力就不同，推销人员应根据洽谈双方的日程安排、最后的决定期限等来考虑洽谈时间的安排。

(2) 洽谈的地点选择。洽谈地点也是影响最终结果的不可忽视的因素，应根据双方的力量对比和关系等具体情况作认真的分析和选择。一般有以下三种情况可供选择。

1) 己方场所，即主场场所洽谈。由于对自己的环境比较熟悉，所以洽谈人员也会相应地具有心理上的优势，不需要耗费精力去适应新的地理环境、社会环境、人文环境，而且可以利用东道主的身份来按自己的要求布置洽谈场所，利用安排洽谈之余的各种活动来掌握洽谈进度，可以随时向领导请示。若洽谈中需要"添加资料"，获取也很方便，一旦发生难以解决的问题，还可动员公司的其他成员共同参与做好工作。总之，选择己方场所洽谈的有利因素多一些，就像体育比赛一样，在主场比赛获胜的可能性会大一些。因此，在组织大宗业务的推销洽谈时，尽量争取选择己方场所进行洽谈。但也要注意一些不利因素，如经常会有一些公司的事务分散注意力，或者由于要安排客方人员的住宿、宴请、游览等事务，负担较重。

2) 对方场所，即客场场所洽谈。在对方场所洽谈，缺点是洽谈人员对新的环境中的气候、风俗、饮食等有可能不适应，旅途劳累也可能带来身体的不适，在日程安排和场所选择上处于被动地位。但好处在于能排除工作单位或家庭事务的干扰全身心地投入洽谈，可以实地考察对方的公司情况，获得直接的、第一手资料。必要时可以借口上级授权有限，手头资料不足，身体不适等理由拖延或暂停洽谈。另外，洽谈人员还可以在洽谈方案规定的范围内，较好地发挥自己的主观能动性等。

3）第三方场所。在双方之外的第三方来洽谈，双方均无主场与客场之分，对双方来说是平等的，所以在主客场洽谈都不适宜的情况下，则可选择第三方场所洽谈。但选择第三方场所洽谈的程序比较复杂，双方先要为确定正式洽谈场所进行准备性洽谈。而且地点的确定要使双方都满意是不太容易的，要花费时间和精力。在实际的业务洽谈中，除非双方信任度不高，相互关系不融洽，一般不宜选择第三方场所进行洽谈。

关于洽谈的现场布置，应该注意洽谈室内外应宽敞、明亮、优雅、舒适，这样能够使洽谈人员以轻松愉快的心情参与洽谈。另外，洽谈的地点应该有休息场所，以便洽谈人员在洽谈的休会时间使用，或进行私下的接触，联络感情，增进共识。洽谈人员的位置安排也是一个非常重要的问题。一般来说，安排座位时要掌握对等的原则，不偏不向。若两方洽谈，则各坐一边，主谈人员坐中间，其他人依次坐其两边，便于商讨及传递相关资料。

4. 洽谈的人员

推销洽谈的人员是洽谈方案的具体执行者，是企业利益的维护者。选择优秀的谈判人员并加以恰当配备，组成优化的谈判班子，是推销洽谈成功的重要组织保证。在推销洽谈方案中应对谈判负责人及其小组成员作出明确规定，同时应明确各成员在洽谈中的角色、职权、职责，便于在谈判中权责清晰，分工明确，取长补短，团结协作。

洽谈小组的谈判人员都是参与推销洽谈各方派出的优秀人员，代表己方的利益而与对方“交锋”。因此，推销洽谈从某种角度来讲是人才的对垒，是谈判人员知识、能力、品质等综合素质的较量。

一般来说，组成洽谈人员队伍时要考虑以下几个方面：

（1）根据洽谈项目的大小和难易来确定小组阵容。比较小的项目可以是一对一的洽谈，但是这对参与洽谈的人来说要求较高，他一人就代表了一个小组或一方。当项目较大，靠一人的力量难以完成时就要考虑选派一个小组来参加洽谈。可以由有不同业务、知识背景的人参加洽谈，能够集思广益，人数以 4～6 人为宜。

（2）要注意洽谈队伍的合理构成。对一个合理的洽谈队伍来说，在组织构成上要有负责人、主谈人、辅谈人之分，主谈人是主要发言人，辅谈人辅助主谈人，提供信息及参考，彼此之间要互相配合。在业务构成上要有各类职能专家，一般要包括商务、技术、财务、法律等方面。在性格构成上，洽谈小组成员之间性格最好能够互补协调。

（3）洽谈人员的素质要求。作为洽谈人员首先要有良好的品德和优良的工作作风，遵纪守法、忠于职守；其次要具有丰富的社会知识和良好的专业知识，即“T”型知识结构，知识面越宽，应变能力就越强，专业知识越深，越能适应洽谈的需要。同时，洽谈人员的表达能力和心理素质也是很重要的，洽谈是一种短兵相接的活动，为各自利益而战的激烈角逐，必须能在错综复杂的谈判局面中做到从容不迫、灵活应对。

任务实施

一、搜集信息

通过调查了解到，华英职业学校是全额拨款的事业单位，有十多年的办学历史，为当地经济建设培养了大批的技术人才，在职教界取得了不菲的成绩和众多的荣誉。学校现有近3 000名在校生，6间多媒体教室，65间普通教室。为了加快校园信息化建设，提高现代化教学水平，学校准备在3年内分期分批地改造大部分教室为多媒体教室。通过学校有关人员得知，此次将采购10套投影仪及相关设备，每套价格10 000元左右。有最终决策权的主管领导是负责后勤的副校长，40多岁，头脑灵活，具有开拓精神且务实肯干；另外两名是负责具体采购事务的后勤部主任和电教中心主任，对采购都富有经验。学校以前的电教设备是向乐普仪器设备公司采购的，但该公司产品并不是以针对学校教学为主的，且价位较高，与其相比，同力公司是有竞争优势的。

二、制定洽谈方案

同力公司销售人员根据前期搜集到的信息，制定了洽谈的方案，包括确定洽谈的不同目标，以便根据洽谈进展情况随时调整；确定洽谈内容，如介绍哪种型号的投影仪，确定报价方式，有多大的让步空间，确定结算方式，以及安装、调试、维修等售后服务事项；选择谈判人员，由哪些人员组成，谁来主谈，谁来辅谈等。具体方案见表4—1—3。

表4—1—3　针对华英职业学校采购投影仪设备的洽谈方案

洽谈目的	以合适的价格，向华英职业学校销售10套令其满意的投影仪设备	
洽谈目标	最优目标	以理想的价格销售10套投影仪给华英职业学校，并能建立长期合作关系，成为其日后的设备提供商
	可接受的目标	以优惠的价格销售10套投影仪给华英职业学校
	最低目标	以微利的价格销售，但力求争取到该顾客，为以后的合作机会打下基础
洽谈主题	介绍公司现有产品情况，重点介绍A、B、C三种型号的投影仪，在比较同类竞争产品后进行报价，确定10%的价格让步空间，可同意购买方分期付款	
洽谈人员	主谈人：销售部张×（负责介绍产品特点、优点等，并负责价格谈判和产品展示） 辅谈人：技术部李×（负责对产品的有关技术问题进行说明和解答） 售后部王×（负责对安装、调试、维修等售后服务事项进行解答）	
洽谈地点	选择客场洽谈，在华英学校进行洽谈，以方便校方人员	

同力公司洽谈小组

2013年6月12日

思考与练习

一、简答

1. 推销洽谈的原则是否重要？
2. 制定推销洽谈方案前要做哪些信息搜集工作？
3. 洽谈方案包括哪些内容？

二、案例分析

谢晶晶是一名台布销售员，她在步步高饭店进行拜访时，发现这家饭店在该地区口碑非常好，而且开了多家分店，于是就主动向对方经理请教。

经理说："我们饭店从明年开始就要以此地为中心，向全国各地辐射建立分店，到时肯定要订制更多的台布。"

谢晶晶接着问对方，对台布市场有什么看法，经理说："隔行如隔山，但我也知道你们供应商除了价格战外，就是花色战。照我看，明年的台布市场可能是单色、纯色的天下，像嫩嫩的草绿色，特别能活跃视觉。"

谢晶晶听在耳里记在心中，次年，该饭店向全国进军时，她带着精心准备的纯色系列台布又来到了那位经理面前，尤其是经理提到的那种"嫩嫩的草绿色"就有十几种之多，使对方看后大喜过望，立刻下了订单。

问题：

1. 该销售员的成功之处在哪里？
2. 推销洽谈前的准备工作为何非常重要？

三、模拟制定洽谈方案

自己查阅资料，设定洽谈背景，综合考虑各种因素，制定合理的洽谈方案。

任务2　洽谈实施

任务引入

同力公司在做了充分的洽谈准备后，于双方约定的时间来到华英职业学校，就购置投影仪等相关设备的事宜进行洽谈。洽谈能否顺利进行，能否拿到最终的订单，就要看洽谈人员如何传递推销信息，如何说服顾客了。为了洽谈的成功，同力公司的洽谈人员应该采用哪些合理的技巧和方法来实施洽谈呢？

任务分析

推销洽谈是推销的中心环节，是推销成败的关键。首先，在见面之初营造积极友好、和谐融洽的洽谈气氛；其次，洽谈中要运用各种语言及非语言技巧来与顾客进行充分交流和沟通；最后，以恰当的方式进行产品报价和产品演示，从而使对方接受自己的产品，达成交易。

相关知识

一、推销洽谈的开局技巧

1. 建立和谐的气氛

洽谈中要努力营造出活跃、顺畅、融洽的气氛，才能开诚布公地交谈。为此，推销人员应注意以下要点。

（1）注重着装和礼节。衣着打扮对塑造自身在对方心目中的第一印象非常重要。洽谈人员的穿着应与自己的身份相一致，与洽谈的环境相一致，与顾客的爱好情趣相一致，顺应社会风尚，力求给人以整洁清爽、风度优雅的感觉，从外表上就取得顾客的认同。此外，推销人员更要懂得人际交往的礼节，落落大方、彬彬有礼的举止和风度，可使对方感到可亲、可敬、可信，从而拉近彼此的距离。

（2）寻找共同点。共同点是拉近洽谈双方彼此之间的距离，消除陌生感和戒备心理的基础。共同点越多，洽谈气氛就越轻松和谐。因此，推销人员在洽谈过程中要善于寻找和发现双方的共同点。共同点可以与推销品有关，如对某些评价标准的赞赏与认可；也可以与推销品无关，如双方共同的经历和爱好等。

（3）讨论顾客需求。建立和谐气氛的最好方法是对顾客的问题、需求和愿望给予充分关注，并适时、恰当地进行协商，使顾客相信推销员理解他的需求和愿望，并将努力解决他所面临的问题。这样做可一举两得：既节省时间、建立和谐气氛，又切合推销主题。

2. 适时提出问题

推销人员在自我介绍和通过其他的一些表现取得顾客的初步信任后，就应巧妙地把谈话转入正题以真正开展推销工作。提出问题是切入正题的一种有效方法。例如，一个从事租房业务的推销员，面谈不久就问顾客，听说贵公司要从西区搬到东区？顾客答，是的。推销员马上可接下去说："那么你们一定需要有人帮助找房子，我们公司就是专门从事这类业务的，愿为贵公司效劳。"提出问题是唤起欲望的常用方法，而且它还可以进一步发现顾客的需求。但要注意提问应与推销有关，应有助于转入正题。在表述方面，应确保陈述明确，防止对方误解，不要提含糊问题，表述方式应力求新颖、出其不意，能激发对方深思，促使其认真考虑。

二、推销洽谈的语言技巧

推销洽谈的过程，通常就是听、述、问、答的过程，恰到好处的倾听、陈述、提问、答复，能使洽谈顺利进行，这些都属于推销洽谈中的语言技巧。

1. 倾听的技巧

在推销洽谈中，倾听能发掘事实真相，探索顾客的真实意图，所以，听往往比说还重要。倾听是一种能力、一种素质。汤姆·彼得斯在其《追求优秀的热情》一书中写道："倾听是礼貌的最高形式"。倾听对方讲话并非像人们想象的那么简单，测试表明，在听完一段10分钟的口头表述之后，普通听众能够理解和记住的内容，大约仅仅只有一半，在48小时之内，又忘记这一半的50%，只剩下整个倾听内容的25%。也就是说，我们所理解和保存的仅仅是对方所说的1/4。而事实上，相对于说、读、写而言，听是沟通技巧中用得最多的一种。推销员必须掌握以下几条倾听时的技巧。

（1）专心致志、集中注意力。精力集中地听是倾听艺术最基本和最重要的问题。一般来说，思维的速度比说话要快4倍。因此，人们在听的时候往往容易思考别的问题，造成听而不闻。推销人员应使自己的注意力始终集中在顾客的谈话内容上，同时还要开动脑筋，进行分析思考。由于心理的原因，人的注意力并不总是稳定持久的，它会受到各种因素的干扰。

因此，只有认真倾听顾客讲话，善于控制自己的注意力，克服各种干扰，才能始终保证自己的思维紧跟顾客的思路。

（2）抛弃自以为是的观念。在听取对方发言时，不要被自己的好恶所左右，而是要有鉴别、有重点地听，不要只听言语本身，还要对说话人的真实意图明察秋毫。要站在顾客的立场倾听顾客的需求、目标，适时地向顾客确认你所了解的是不是他想要表达的意思，这种态度能激发顾客讲出更多其内心的想法。只有这样，才能正确理解顾客讲话所传递的信息，准确把握讲话的中心内容，认真听取、接受顾客的反对意见。

（3）让顾客把话说完，清楚地听出对方的谈话重点，并记下重点。推销员的工作目的就是满足顾客的需求并带给顾客利益，只有让顾客充分表达他的需求以后，才能正确地满足他的需求，正如医生要在认真倾听病人述说病情后，才开始诊断。与对方谈话时，如果对方认识到你正确地理解了他谈话所表达的意思，他一定会很高兴。所以，推销员倾听时不要轻易插话而打断顾客的讲话，也不要自作聪明地妄加评论。通常人们喜欢听赞扬的语言，不喜欢听批评对立的语言。当听到反对意见时，总是忍不住要马上反驳，以为只有这样才说明自己有理，还有的人过于喜欢表露自己。这都会导致与顾客交流时，自己过多地讲话或打断顾客讲话。不仅会影响自己倾听，也会影响对方对你的印象。倾听时应该用微笑、目光、点头等鼓励、赞赏的形式表示呼应，显示出对谈话的兴趣，或在顾客讲话时，用“嗯”“对”“继续”“还有什么”等话语作出反应，表明对顾客讲话的肯定和理解，促使顾客继续讲下去。还可以通过复述来澄清问题，弄清在理解上是否产分歧。

（4）对顾客所说的话，不要表现出防卫的态度。当顾客所说的事情，对您的业务可能造成不利时，不要立刻驳斥，可先请顾客针对事情作更详细的解释。如顾客说“你们企业的理赔经常不干脆”，可请顾客更详细地说明是什么事情让他有这种想法，顾客若只是听说，无法解释得很清楚时，也许在说明的过程中，他自己就会感觉出自己的看法不是很正确；若是顾客说的证据属实，可先向顾客致歉，并承诺帮助他了解此事的原委，尽快给予答复。

2. 陈述的技巧

能够以有说服力的方式陈述信息也是成功推销的关键因素。推销人员应该事先知道什么信息对购买者是重要的，确定表述的最有效次序，将要表达的意思清晰地陈述出来。为了增加陈述的有效性，推销人员应该做到以下几点。

（1）陈述时使用积极、生动的肯定性语言。销售人员在陈述推销信息时要尽量使用正面、积极的描述，避免使用负面词汇。试比较下面两句话：“这是台好机器，可是比较贵。”“这是顶好的机器，而且物有所值。”显然后一句更能打动人心。推销人员要使用生动的语言，多用些比喻来激发顾客的联想，例如，一名推销新型玻璃窗的销售人员对顾客说：“冬天使用我们的新型窗户，就像用了个暖气一样，外面的冷空气完全被隔开了。”而不要仅仅简单地说：“冬天使用我们的新型窗户很暖和。”阐述要清楚明了，避免使用大概、可能、也许、差不多等词，对不清楚的资料或问题切勿随口而述。

（2）销售陈述的费比（FABE）法。销售陈述有两个重点，一是产品特点，二是产品利益。费比法就是一种将产品特点转化成产品利益的陈述方法，过程自然、完整，与此同时进行了论证，有理有据，说服力比较强，容易打动顾客的心。费比法的具体内容见表 4—2—1。

表 4—2—1　　费比法的具体内容

F（Feature）	特点，即产品所具有的各种特征
A（Advantage）	优点，即由产品特点所带来的各种优点、好处
B（Benefit）	利益，即把产品的各种优点演绎成一个或多个购买动机，即说明产品是如何满足顾客需求的
E（Evidence）	证据，即证实产品拥有以上好处的证据

费比法的步骤：第一步，介绍产品的特性；第二步，介绍产品的优点；第三步，具体阐述产品能够满足顾客的利益需求；第四步，拿出证据证明上述说辞的可靠性。

【案例】 这种品牌的洗衣粉不含杂质或膨胀剂（特性），只要一点点用量就可洗净衣服，同时衣服上也不会留下残留物（优点）。使用这样的洗衣粉，不但省钱、省力而且安全卫生（利益）。此洗衣粉于2005年被国家质量监督局评为“消费者信得过产品”，正引领一股“绿色洗衣”的新热潮（证据）。

3. 提问的技巧

提问也是推销洽谈的重要内容，边听边问可以引起顾客的注意，为他的思考提供既定的方向，也可以获得自己不知道的信息，还可以控制洽谈的方向，使话题趋向最终结论。但在洽谈中提出什么问题，怎样提问题，何时提出问题要讲究技巧。

（1）限制式提问。这是一种目的性很强的提问技巧，它能帮助推销员获得较为理想的回答，减少顾客拒绝，或听到推销员不愿接受的回答。这种提问方式的特点是限制对方的回答范围，有意识、有目的地让对方在所限范围内作出回答。常用的限制式提问见表 4—2—2。

表 4—2—2　　常用的限制式提问

问句种类	例　句
选择式	“您需要的颜色是银白色还是浅灰色？”
澄清式	“您是说这类设备要订购100台吗？”
暗示式	“这种款式市场供不应求，价格还会上涨，您说的是这种款式吗？”

（2）开放式提问。开放式提问所提出的问题具有广泛的答复，不能简单地用“是”或“否”来回答。这种提问方式完全让顾客根据自己的喜好，围绕谈话主题自由发挥。进行开放性提问既可以令顾客感到自然而畅所欲言，又有助于销售人员根据顾客谈话内容了解更有效的顾客信息。而且，在顾客觉得不受约束时，通常会感到放松和愉快，有助于双方的进一步沟通与合作。

通常，开放式问题包括的疑问词及典型问法见表 4—2—3。

表 4—2—3　　开放式问题的疑问词及典型句法

疑问词	典型句法
“……怎（么）样”或者“如何……”	“您通常都是怎样（如何）应付这些问题的？” “我们怎样做，才能满足您的要求？”

续表

疑问词	典型句法
"为什么……"	"为什么您会面临如此严重的问题?" "为什么您会对××产品情有独钟?"
"什么……"	"如果采用了这种产品，您的工作会发生什么变化?" "您对我们有什么建议?"
"哪些……"	"您对这种产品有哪些看法?" "您觉得这种产品的哪些优势最吸引您?"

对于限制式提问，顾客通常只能回答"是""不是""对""错""有"或者"没有"等简短的答案，不仅会感到被动，甚至还会产生被审问的感觉，而推销人员也只能从顾客的答案中得到极其有限的信息。所以在洽谈中，销售人员要根据掌握的情况，谨慎采用限制式提问，多采用开放式提问。它们之间的区别见表4—2—4。

表4—2—4　　限制式提问与开放式提问的区别

限制式提问	开放式提问
"您的秘书是否在目前的文字处理系统方面遇到了困难?"	"您的秘书在目前的文字处理系统方面遇到了什么困难?"
"您感到处理会计账目方便吗?"	"对于提高会计账目处理效率，您有哪些计划?"
"贵公司的安全系统是否需要更新?"	"贵公司在安全系统方面做了哪些变动以确保它适应当前的状况?"

4. 答复的技巧

在推销洽谈中，对于顾客的提问，推销人员首先要坚持诚实的原则，给予客观真实的回答，既不言过其实，又不弄虚作假，赢得顾客的好感和信任。同时还要对自己回答的每一句话负责任，因为顾客可以把你的回答理所当然地认为是一种承诺。但是，有些顾客为了自己的利益，提出一些难题、怪题，甚至是别有用心的问题，或者是涉及企业秘密的问题，推销人员就应该采用一些技巧来回答。

（1）不要彻底回答所提的问题。推销人员要将顾客的问话范围缩小，或者对回答的前提加以修饰和说明。比如顾客对某种商品的价格表示关心，直接询问这种产品的价格，如果推销员彻底回答顾客，把价钱一说了之，那么在进一步的洽谈过程中，推销员一方可能就比较被动了。倘若这样回答："我相信我们产品的价格会令您满意的，请先让我把这种产品的性能说一下好吗？我相信您会对这种产品感兴趣的"这样回答就明显避免了把顾客的注意力一下子吸引到价格上去。

（2）不要确切地回答对方的提问。推销员回答顾客的问题，要给自己留有一定的余地，在回答时，不要过早暴露自己的实力。通常，可先说明一件类似的情况，再拉回正题，或者利用反问把重点转移。如"是的，我猜您会这样问，我可以给您满意的答复。不过，在我回答之前，请先允许我提一个问题。"

（3）减少顾客追问的兴致和机会。顾客如果发现推销员的漏洞，往往会刨根问底地追问下去。所以，回答问题时要特别注意不让对方抓住某一点继续发问，如“这是一个无法回答的问题。”“现在讨论这个问题为时尚早，只好留待今后解决。”

（4）让自己获得充足的思考时间。推销员回答问题必须谨慎，对问题要进行认真的思考。要做到这一点，就需要有充足的思考时间。一般情况下，推销员对问题答复的好坏与思考时间成正比。正因为如此，有些顾客会不断地催问，迫使推销员在对问题未进行充分思考的情况下仓促作答。碰到这种情况，推销员更要沉着，不必顾忌顾客的催问，而是转告对方必须进行认真思考，因而需要时间。

（5）不轻易作答。推销人员回答问题应该具有针对性，因此必须认真思考问题的真正含义。当顾客提出一些模棱两可或旁敲侧击的问题，更要清楚地了解顾客的用意，否则，轻易、随意作答，会造成己方的被动。

总之，推销洽谈中的答复技巧不在于回答对方“对”或“错”，而在于应该说什么，不该说什么和如何说，这样才能产生最佳效果。

三、推销洽谈的非语言技巧

非语言是指肢体语言、身体语言，是口头交流之外的一种沟通方式，通常借助表情、动作或体态等工具来进行。著名人类学家、现代非语言沟通首席研究员雷·伯德威斯特尔指出，在典型的两个人的谈话或交流中，口头传递的信号实际上还不到全部表达意思的35%，而其余65%的信号必须通过非语言的沟通来传递。

沟通双方的身体语言交流可以互相传递很多信息。例如，当一个人身体前倾、不住点头时，表明这个人对某种事物很感兴趣，或者对某人的观点表示支持和认同；又如，当一个人突然向上用力挥舞手臂时，他很可能是对某种观点或事物表示强烈不满。有了身体语言的配合，整个沟通过程才显得更加充实和活跃。

解读身体语言，必须结合具体的沟通情境、不同的风俗习惯以及人物的性格特点等进行具体分析。同样一种表情、动作或神态，在不同的沟通情境、不同的地域特点中所反映的意义可能会大相径庭，而不同性格的人在传递信息时展示出的身体语言也各不相同。例如，竖起大拇指的手势，在中国表示赞扬，在日本表示“老爷子”，在希腊表示让对方“滚蛋”，而在英美等西方国家，则是请求搭便车的意思。

具体地说，按照不同的身体部位划分，身体语言可以分为表情语、手势语和肢体动作语三大类。

1. 表情语

人们常常通过面部表情互相传递信息，像眼神、微笑、愤怒、悲伤等表情都可以起到传递信息的作用，眼神的动作和变化尤其能反映人们内心的思想和情绪等。因此，销售人员一定要学会通过眼睛这扇窗户来观察顾客的内心想法，同时也要学会利用眼神的交流向顾客传递真诚和关心等。

（1）用热情的眼神感染顾客。在用眼神与顾客交流时，销售人员要力求使自己的目光表现得更真诚、更热情。当销售人员眼睛炯炯有神地向顾客介绍产品时，眼神中透射出的热情、坦诚和执着，往往比口头说明更能让顾客信服。充满热情的眼神还可以增加顾客对产品的信心以及对这场推销活动的好感。一般地，销售人员需要注意以下几点。

1）视线停留的位置：销售人员与顾客对视时，最好勇敢地迎接顾客的目光，不论这种目光表达的信息是肯定、赞许，还是疑惑和不满。通常认为，顾客双眼与嘴部之间的三角部位是销售人员停留视线的最佳位置，这样可以向顾客传达出礼貌和友好的信息。

2）注视顾客的时间：勇敢地与顾客对视，固然可以体现自信和热情，但是也需要掌握一定的度，主要是指注视的时间要保持一定的度。若时间太短，顾客会认为销售人员对这次谈话没有太大兴趣；若时间太长，顾客又会感到不自在。

3）避免两眼空洞无神：炯炯有神的双眼可以向顾客传递热情和执着；反之，如果两眼空洞无神的话，就会给顾客留下心不在焉的印象，顾客会认为你不值得信赖。

4）目光集中，不要游移不定：目光游移不定常常是为人轻浮或不诚实的表现，顾客会对目光游移的销售人员格外警惕和防范。这显然会拉大彼此之间的心理距离，为良好的沟通设置难以跨越的障碍。

（2）用真诚的微笑打动顾客。微笑几乎已经成为销售人员与顾客沟通时的必要工具。实际上，微笑是世界通用语，无论双方的语言表达方式或生活习惯等有多大区别，彼此间真诚的微笑常常可以消除一切隔阂。

微笑是有讲究的，并不是所有的微微一笑都能轻易地打动顾客。首先，销售人员应该注意的是，微笑并不是简单的脸部表情，它应该体现整个人的精神面貌。所以，销售人员必须要发自内心地微笑，不要空有一副“职业性微笑”的表情，而内心却厌恶和排斥顾客。其次，微笑的同时要注意自己内在涵养和素质的表现，既要让顾客在彬彬有礼的微笑中感受被尊重和关爱，又不至于使顾客感到过分客气和生疏。另外，在微笑时尽量不要发出太大的声音，也不要表现得过于夸张，否则会使顾客觉得不舒服。

2. 手势语

顾名思义，手势语主要是指人的手指、手掌、手臂及双手发出的各种动作。比如伸出某个手指的具体含义、相互握手时传递的信息等。很多时候，人们还可以通过自己手部的特定动作向对方表达特定的意义，比如把手轻轻地搭在对方肩上或胳膊上表示亲密，伸开双臂拥抱表示喜欢或安慰对方等。

手势语在与顾客沟通的过程中往往非常容易吸引双方的注意力。所以，销售人员在与顾客沟通的时候要注意自己的每一个手势，千万不要因为一个不经意的手部动作而引起顾客的不满。特别注意，不要使用以下手势：单独伸出手指点指对方，有想要教训对方的嫌疑；双手相握或不断玩弄手指，会使对方感到你缺乏信心或拘谨；双手交叉放于胸前，暗示一种防御和敌意态度；搓手，常表示急切期待的心理。

3. 肢体动作语

（1）用得体的肢体动作语增加顾客好感。肢体动作语包括人们在行走、站立和坐卧过程中的所有动作姿态。比如，行走时的速度是快是慢，是蹦蹦跳跳还是一步一步向前挪动；坐在椅子上时是双腿平放还是跷起二郎腿等。无论是一个轻轻的点头还是稳健的步伐，都可以达到与顾客友好沟通的目的。同样，如果销售人员的动作不够礼貌和得体，同样会使顾客感到不悦。所以，销售人员在与顾客沟通时，一定要注意自己的一言一行。比如，在销售汽车或家用电器等产品时，可以用手细心触摸，让顾客感受产品的质感和价值。

为了防止无意间作出某种使顾客感到不快的动作，销售人员需要在平时就养成坐、立、行、走的良好习惯，正如通常所说的“站有站相，坐有坐相”。虽然不同的人在不同情况下的肢体动作各有不同，而且同样的动作反映的信息也不尽相同。但是通过认真观察和分析，还是可以发现一定规律的。了解这些规律，既有助于销售人员更准确地把握顾客心理，也有助于销售人员有意识地运用肢体语言来引起顾客的重视。比如当你介绍产品时，顾客双手紧紧抱在胸前，这常常表示他们对你的推销具有防范心理；你在聆听顾客谈话时，身体前倾，双脚平放，这常常会使顾客感到被尊重。

（2）解读顾客肢体动作传递的信息。销售人员可以通过自己的身体语言向顾客传递各种信息，同时，顾客也会在有意无意间通过肢体动作表达某些信息，这就要求销售人员认真观察、准确解读。可以说，准确解读顾客的身体语言，是销售人员实现销售目标的重要条件之一。实际上，最能表达信息的肢体语言常常是眼神、面部表情、手势或其他身体动作等。在解读顾客肢体动作时，销售人员可以从以下几个方面入手。

1）观察顾客眼神的变化。俗话说，“眼睛是心灵的窗户”，销售人员应该首先从顾客的眼神中观察其透露出的相关信息。比如，如果顾客的眼睛一直关注手头正做的事情而不理会推销人员的介绍，那么这样的顾客常常有一种拒人于千里之外的冷淡态度；如果顾客的眼睛盯着包装精美的产品，那么销售人员不妨通过产品展示等方式引起顾客的关注。

顾客的眼神会随着沟通情境的不同发生一定的变化，有经验的销售人员会从这些变化中捕捉到十分重要的信息。比如，当你正滔滔不绝地介绍产品性能时，却发现顾客已经闭起双眼，或者开始东张西望，那就表明他（她）已经对你的介绍感到厌烦，或者对你的话题没有兴趣了。此时，就要换一个话题，或者停下来，引导顾客参与谈话，以了解顾客真正关心的问题。

2）面部表情可以反映顾客心理。那些表情严肃、双唇紧闭、说话速度不紧不慢但语气却非常坚定的顾客通常更为理智。与这些顾客沟通时，销售人员最好把话题集中到与销售有关的内容上，不要东拉西扯。对于这些顾客提出的问题，销售人员要给予自信而坚定的回答，不要模棱两可、躲躲闪闪。

那些表情较为丰富且变化较快的顾客更趋向于情绪型，有时一句感情色彩比较浓厚的话就可能会引起他们的强烈共鸣，一个不得体的小动作也可能会使他们的情绪迅速低落。对于这类顾客，销售人员要给予更多的体贴和关怀，要多倾听他们的意见。

3）注意顾客的手势动作。顾客常常会通过快速摆手臂或者其他手势表示拒绝，如果销售人员对这些手势动作视而不见，那么接下来可能就是毫不客气的驱逐，事情一旦到了这一步就很难有回转的可能。所以，当发现顾客用手用力敲桌子、摆弄手指或摆动手臂时，销售人员就应该反思自己此前的言行是否令顾客感到不满或厌烦了，然后再采取相应的措施。

4）从不经意的小动作中捕捉有效信息。有些顾客不愿意通过口头表达或其他方式透露相关信息，但是他们的一些不经意的小动作常常会“出卖”他们。注意观察这些小动作，往往可以从中捕捉到至关重要的信息。例如，一位汽车销售人员正在做顾客回访，他看到那位顾客的同事正在网上看一组汽车图片，觉得这是一位潜在顾客。于是，他对那位潜在顾客说：“您可以看看我们公司的汽车，这是图片和相关资料。”但这位潜在顾客马上拒绝了，他表示自己马上要出去办事。销售人员急忙说道：“只需要五六分钟就能看完，如时向不允许我可以把东西留给您。”同时他迅速拿出几款男士比较喜欢的车型图片，这时他看到潜在顾客的目光停留在其中一款车的图片上，而且刚刚准备拿着皮包要走的他又把皮包放到了桌子上，坐了下来。销售人员意识到，潜在顾客已经对那款车产生了极大的兴趣，于是开始趁热打铁地展开推销。

四、推销洽谈的报价技巧

推销品的价格是推销洽谈中经常遇到的难题，不少推销活动，最后的成功与失败，往往与价格有关。现在，大多数推销人员的收入与业绩都跟销售额，即与价格挂钩。因此，在推销洽谈中，推销人员还应掌握一定的报价方法。

1. 先行报价法

在推销洽谈中采用先行报价法，能争取在洽谈之初占据主动，表明己方要达到的目标，直接影响洽谈对方的期望水平，可以对洽谈全过程中的所有磋商持续地发挥作用。

运用先行报价法的技巧及注意事项。

（1）在己方进行了详尽的调查研究，知己知彼，并作了充分准备的条件下才能先行主动报价。

（2）若己方对谈判对方了解得不够，或者己方缺乏必要的谈判经验，则不宜采用先行报价法。

2. 对比报价法

对比报价法是指推销员在向顾客解释推销品的价格时，列举出其他同类产品的价格状况，再推导出推销品的价格。同时，通过分析比较推销品与其他同类产品的优缺点，说明推销品价格的合理性。

运用对比报价法的技巧及注意事项。

（1）己方最低可接纳的交易条件不能低于产品成本，而应略高于产品成本。

（2）申明此是己方可接纳的最低交易条件，已无讨价还价的余地。

（3）己方所制定的基准价也可作为一种主动的谈判策略来运用。

3. 均摊报价法

均摊报价法也称除法报价法，是采用缩短时间单位或较小计量单位的方式，分解推销品的价格，以减轻价格压力的一种报价。有时，顾客一见到推销品的价格很高，就会被吓住，一下子就打消了购买念头。这时，推销人员可以采用均摊报价法，将一次投资大而受益时间长的产品价格分解到一天、一个星期等较少的时间单位上，或缩小报价单位，使洽谈对手容易接受。例如，黄金饰品总是以克来报价，而不是以公斤来报价。

运用均摊报价法的技巧及注意事项。

（1）所涉及的商品一般多为大宗商品。

（2）结合顾客的最大心理需求及时间长短，选择适当的成交小点。

（3）成交次要问题既要逐步深入，又要敢于涉及主要问题。

4. 高价报价法

高价报价法是指推销人员故意将推销品的价格报得很高，而自己心中又保留一个控制价位。这种报价法是专门针对那些有砍价欲望的洽谈对手。高价一旦报出，有砍价欲望的洽谈对手会将精力集中在与推销人员的讨价还价上，推销人员也不甘示弱，每一次让步都据理力争，直到遇到最低控制价位为止。

运用高价报价法的技巧及注意事项。

(1) 确定交易条件的上限不应高到令人无法置信的程度，使人无法接受。

(2) 根据市场的供求状况和对方的具体情况灵活地确定上下限。

(3) 确定的报价既要寻求己方的最高利益，又要兼顾对方的利益及其能够接受的可能性，使双方各取所需，均有利可图。

五、推销洽谈中的演示

在推销洽谈中，有些信息无法用口头语言进行有效的传递，这时通过表演展示、示范表达的方式来完成，可以更迅速、准确、生动、形象、有效地传递推销信息，更有力地诱发顾客的购买动机，更直接地刺激顾客的购买欲望，更具有说服力。常用的演示方法有产品演示法，文字、图片演示法，音响、影视演示法。

1. 产品演示法

产品演示法是指推销人员通过直接演示推销品来劝说顾客购买的方法。与其千言万语费尽口舌，还不如拿出推销品来让顾客看一看、摸一摸、闻一闻、尝一尝。例如，一位推销玻璃杯的推销员向顾客介绍说："这种玻璃杯是本公司最新推出的产品，适合家庭、办公室、饭店、餐厅等多种场合使用，最大的优点是掉在地上不会碎。请看，杯子落地了，没有碎!"这位推销员通过直接的产品演示向顾客说明了推销品的特点，真实可信，一下子吸引住了顾客。

在运用产品演示法时，推销人员要坚持产品实体的展示，并且要求演示的产品具有优良的品质；过重、过大、过长、过厚的产品及服务性产品等，不适合使用这种方法。

2. 文字、图片演示法

文字、图片演示法是指推销人员通过演示有关推销品的文字资料和图片资料来劝说顾客购买的一种洽谈方法。

在无法或不便演示推销品实物的情况下，可以采用文字资料的演示来传递相关信息。如一张完整的产品价目表，可以把一个厂家生产销售的不同型号规格、不同批量的产品的价格信息清清楚楚地传递给顾客。文字演示作为一种最基本的洽谈方法，可以快速准确地传递推销信息，既准确可靠，又方便省力，提高了洽谈的效率。可供推销人员使用的文字资料有：产品说明书、产品价目表、文字广告、产品获奖证书、质量检测证书等。这些文字资料，可以大大提高顾客对推销品的信任度。但应注意的是，推销人员演示所选择的文字资料要具有相关性、系统性、准确性和权威性。

图片演示法中的图片资料图文并茂、生动形象、效果直观，可以传递产品演示和文字演示所无法传递的某些重要的推销信息，能引起顾客的购买联想，产生积极的情景效应，增强洽谈的说服力和感染力，因而在推销洽谈中被推销人员广泛采用。这种方法特别适用于住房、汽车等产品的推销洽谈。

3. 音响、影视演示法

音响、影视演示法是指推销人员利用录音、录像、光盘等现代推销工具进行演示，来劝说顾客购买的洽谈方法。此方法融推销信息、推销情景和推销气氛于一体，使顾客产生陶醉、迷恋之感，逐渐被推销人员看好，成为一种不可缺少的推销洽谈工具。一位推销员在推销无公害的绿色蔬菜时，把种植蔬菜的过程拍摄成视频资料，在超市门口播放，宣传无化肥、农药污染蔬菜的好处，吸引了来超市购物的顾客，打开了销售市场。可见，利用音响、影视演示法开展推销洽谈，可以生动形象地传递大量的推销信息，制造真实可信的推销气氛，充分调动顾客的情感，增加洽谈的说服力和感染力。

任务实施

一、建立和谐的洽谈气氛

同力公司的洽谈人员携带推销资料，衣着整洁得体，在约定时间的前几分钟来到了华英职业学校。与校方负责洽谈的人员见面后，双方握手寒暄，互相介绍。

同力公司的洽谈人员说："学校这些年变化很大呀，新建了这么漂亮的教学楼，环境这么优美，为学生提供了这么好的学习环境！"

"是的，我们学校是市级花园式单位。"

"听说华英职业学校近年来毕业的学生很受社会欢迎，有些专业的学生甚至供不应求，而且经常能在报纸上看到关于学校教学改革的报道，如果本公司能为学校的建设发展做贡献，将不胜荣幸！"

同力公司从华英职业学校优美的校园环境及教学取得的成绩谈起，使得洽谈在轻松愉快的气氛中展开（建立和谐的气氛），并且提到愿为学校发展做出贡献，自然而然引出了洽谈的议题。

二、推销洽谈的实施

"这次来贵校，想了解一下学校对投影仪设备采购的具体要求有哪些?"同力公司洽谈人员首先从询问顾客的需求入手，展开了洽谈（适时提出问题），借此进一步了解顾客的需求信息。

在校方介绍的过程中，同力公司人员认真地倾听，并将重点的地方记录下来（倾听的技巧），同时进行适时追问，销售人员不失时机地介绍了自己公司的产品："我们作为教学设备公司，主要的服务对象就是各类学校，根据贵校的情况，我们挑选了 A、B、C 这三种型号的投影仪，请看这是产品的图册和配件清单及技术参数……"

当注意到校方人员对 A 型投影仪比较关注时，销售人员介绍说："A 型投影仪的特点是启动快速，全自动讯号源找寻，具有断电自动保护功能，而且由于采用了最先进的光感应技术，使用时可不用关闭照明灯，让投影仪自动感应室内灯光，并自动调整亮度及颜色以呈现最佳画面，这些都会方便老师上课时使用，有很多学校使用后都反应不错。"（费比法陈述）

校方人员听了这些介绍后频频点头，这时，公司人员立即进行了报价，"与市场上同类技术配置的投影仪相比，我们的价格很优惠，每套低近千元左右（对比报价法）……”之后公司的技术人员详细回答了校方关于技术方面的问题，售后人员也对安装、调试、维修等事宜进行了介绍。

三、现场展示

公司洽谈人员将带来的多媒体设备进行了现场展示（实物演示），展示设备包括多媒体硬件系统、多媒体操作系统、媒体处理系统工具和用户应用软件四部分。并邀请华英职业学校参与洽谈的领导、有关人员亲身操作，体会公司产品。

四、洽谈结果

学校领导经过综合考虑，认为同力公司的 A 型投影仪能够满足学校多媒体教室的改建目的，并且价格优惠，产品质量良好，所以决定前期订购三套，配备三间教室。并指出，如果运转良好、使用方便，会考虑下次大量订货。达到了预期的洽谈目的。

思考与练习

一、简答

1. 进行推销洽谈时，销售人员还应该注意哪些肢体语言？

2. 选择一种商品，运用费比法进行销售陈述。

3. 某推销员向顾客推销吸尘器时，现场把该吸尘器启动起来，让顾客听声音大小，以证明吸尘器符合顾客希望噪声较小的需要和愿望。试分析该推销员采用的是什么推销技巧？

二、案例分析

有世界最伟大的推销员之称的乔·吉拉德曾向一位顾客推销汽车，交易过程十分顺利。当顾客正要掏钱付款时，另一位推销员跟乔·吉拉德谈起了昨天的篮球赛，乔·吉拉德一边跟同伴津津有味地说笑，一边伸手去接车款，不料顾客却突然掉头走掉，连车也不买了。乔·吉拉德冥思苦想了一天，不明白顾客为什么突然放弃了已经挑选好的汽车。晚上 11 点，他终于忍不住给顾客打了一个电话，询问顾客突然改变主意的理由。顾客不高兴地在电话中告诉他：“今天下午付款时，我同你谈到了我的小儿子，他刚考上密西根大学，是我们家的骄傲，可是你一点也没有听见，只顾跟你的同伴谈篮球赛。”乔·吉拉德终于明白了，这次生意失败的根本原因是因为自己没有认真倾听顾客谈论自己最得意的事情。

问题：

1. 推销中的倾听是否很重要，为什么？

2. 推销洽谈前的准备工作都有哪些？

学习情境五　异议处理

知识、能力框图

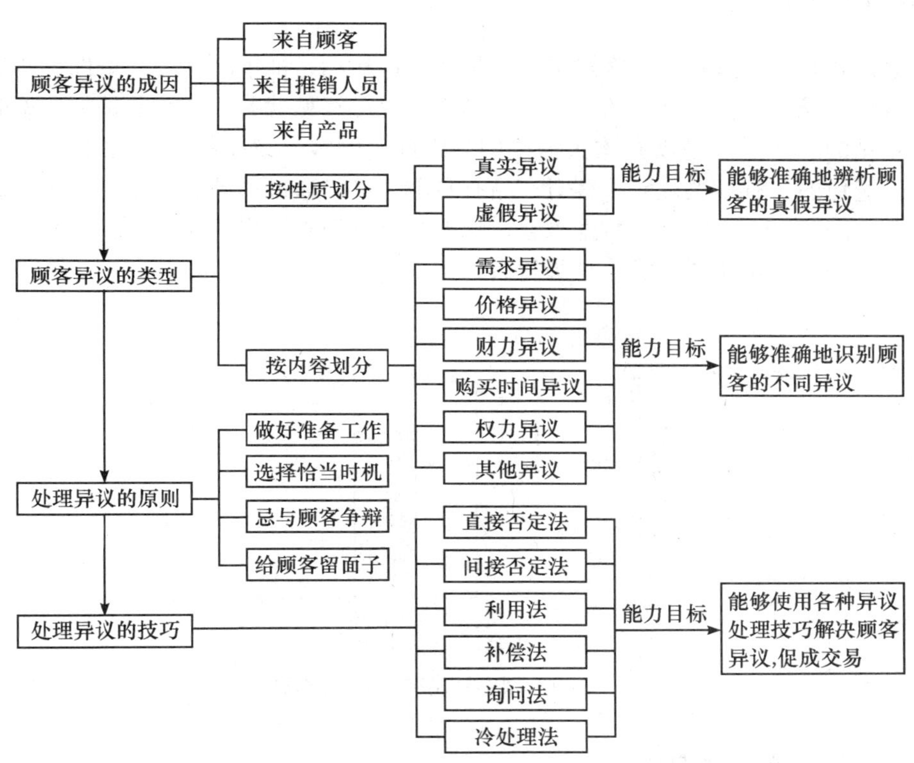

任务1　分析异议成因

任务引入

美欣空调专卖店的销售员李林，给顾客推销了一款今年新出的节能型空调，在他耐心地作了详细的产品介绍后，周围聆听的顾客提出了一个又一个的质疑和反对意见："真的节能吗""价格有些偏高了""牌子不怎么有名气""外形看起来不够新颖""听说质量不是很好，返修率比较高""售后服务好像不太好"，面对这些质疑，李林应该如何解决呢？

任务分析

顾客的质疑和反对意见其实质就是顾客异议，推销的过程其实就是处理顾客异议的过程。在化解顾客异议之前，首先应该了解顾客的真实想法，探究产生异议的真实原因。其次应该分清真假异议，有些顾客异议其实并非顾客的真实想法，只是顾客的借口。在处理异议前，分清异议的类型，则有助于更好地化解顾客异议。

相关知识

顾客异议，是推销过程中顾客对推销人员、推销活动、推销品、交易条件等所提出的疑问或反对意见。顾客在接受推销的过程中不提任何反对意见就购买的情况是不多见的，不提丝毫反对意见的顾客往往是没有购买欲望的。因此，顾客异议是推销过程中的一种正常现象，是难以避免的。有异议说明顾客对产品有兴趣，可以通过推销员的努力来化解这些异议完成销售。从图5—1—1所示的数据来看，顾客异议有助于销售的成功。顾客异议是成交障碍，也是成交信号，正所谓嫌货才是买货人！

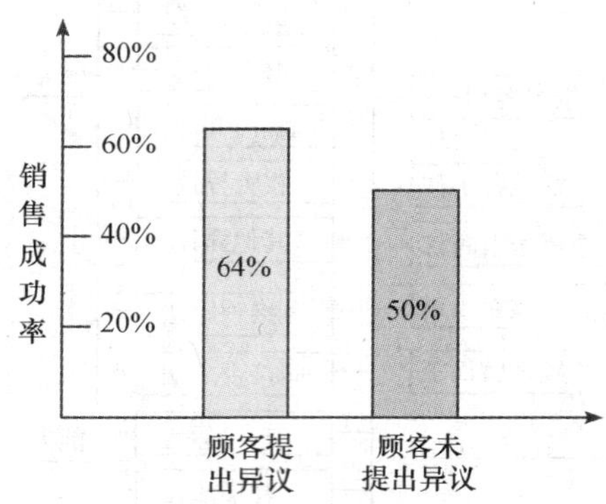

图5—1—1　顾客异议有助于销售成功

一、顾客异议的成因

顾客异议的产生既有必然因素又有偶然因素，既有主观因素也有客观因素。为了预测、控制和处理各种顾客异议，推销人员必须了解顾客异议的主要成因。

1. 来自顾客

（1）拒绝改变。大多数人对改变都会产生抵触心理。在顾客对新产品、新服务、新供应商还缺乏足够的认知时，就让他们改变原有的购买内容、购买方式及购买对象，很容易使顾客产生抵触情绪。比如顾客已有固定的供销渠道，双方相互了解、相互信任，当新的企业和推销员不能使顾客确信可以得到更多利益时，顾客就会产生排斥心理。推销员应以各种有效的展示与深入浅出的演说方式使顾客了解其推销的产品，消除顾客疑虑，化解异议。

（2）顾客的偶然因素。推销时会遇到来自顾客的、由无法预知的偶然因素引起的顾客异议。如顾客情绪不佳时，没有心情进行商谈，或没有时间来谈，容易提出异议。推销人员应在推销过程中细心观察、及时判断，尽量避开可能产生的异议，必要时立即中断推销，选择适当时机再重新开始。

（3）顾客的自我表现。有的顾客因个性所致，喜欢通过反对与批驳推销人员来表现自己，显示自己的博学与高明，以求心理平衡。推销人员要以耐心和包容的态度对待这类顾客。

（4）顾客的客观困难。由于顾客缺乏资金、缺乏决定权或发展现状的客观制约，导致对产品缺乏需求。这说明推销人员原先掌握的资料有误或顾客没有被说服，以此作为拒绝的借口。

（5）顾客的购买经验和成见。如果顾客在以往的购买实践中有过较多的经验和教训，会使他形成对某种产品或推销人员的成见。面对这类顾客，必须耐心细致地解释，逐渐转变其态度。因此，推销首先是推销自己和推销观念，然后才是推销产品。

（6）其他原因。顾客不想花时间会谈，有隐藏的异议不方便直接提出来等。例如，顾客希望降价，但却提出其他如品质、外观、颜色等异议，以降低产品的价值，从而达成降价的目的。

2. 来自推销人员

（1）推销信息不足。在推销过程中，推销人员没有向顾客提供充足的信息或者信息的质量和可信度不够，没有说服力，使顾客缺乏购买信心而提出异议。

（2）推销人员素质不高。推销人员素质不高，使顾客产生一种不好的感觉，如推销员衣冠不整、举止不当、出言不逊等。

（3）推销信誉不佳。由于推销人员在以往的推销活动中有不良表现，造成推销信誉不佳，如曾经以次充好、不守承诺等。

（4）沟通不当。如说明产品时使用过于生僻的专业术语，使人无法听懂；为了说服顾客而以不实的言辞哄骗顾客；引用不正确的数据资料；说的太多或太少，或处处想说赢顾客，引起顾客的不悦等。

3. 来自产品

（1）使用价值异议。顾客在面对推销时，首先会对销售人员所推销的产品进行使用价值判断。如果某种产品对顾客来说没有什么用，那么它的质量再好、价格再低廉，顾客也不会去买。所以在推销时，推销人员要明确所推销的不是单纯的产品实体，而是产品能给顾客带来的使用价值。

【案例】 一个老太太去楼下的市场买水果。

她来到第一个小贩的水果摊前，问道：“这李子怎么样？”

“我的李子又大又甜，特别好吃。”小贩答到。

老太太摇了摇头，向另外一个小贩走去。

老太太向第二个小贩问道：“你的李子怎么样？”

“我这里有两种李子，您要什么样的李子？”第二个小贩答到。

“我要买酸一点儿的。”

“我这篮李子又酸又大，咬一口就流口水，您要多少？”

“来一斤吧。”

老太太买完水果继续在市场中逛，这时她又看到一个小贩的摊上有李子，又大又圆，非常抢眼。便问水果摊后的小贩："你的李子好吃吗？"

"您好。我的李子当然好吃，您要什么样的？"小贩说。

"我要酸一点儿的。"

"一般人买李子都要又大又甜的，您为什么要酸的李子呢？"

"我儿媳妇要生孩子了，想吃酸的。"

"老太太您对儿媳妇真体贴，儿媳妇一定能给您生个大胖孙子。那您要多少？""我再来一斤吧。"老太太被小贩说得很高兴，便又买了一斤李子。

小贩一边称李子，一边向老太太介绍其他水果："猕猴桃有多种维生素，特别有营养，尤其适合孕妇。您要给儿媳妇买点猕猴桃，她一准儿高兴。"

"是吗？好，那我就再来一斤猕猴桃。"

"您人真好，谁摊上您这样的婆婆，一定有福气。"小贩开始给老太太称猕猴桃，嘴里也不闲着。

"我每天都在这儿摆摊，水果都是当天从批发市场批发来的新鲜货，您儿媳妇要是吃好了，您再来。"

"行"老太太被小贩夸得高兴，提了水果，一边付账一边应承着。以后，老太太就成了第三个小贩摊上的常客。

三个小贩都向老太太兜售自己的李子，结果却完全不同。想一想：三个小贩在推销过程中是如何转化异议的？

（2）功能异议。指产品本身所具备的功用和效用。产品功能的好坏和多少也是客户选择时的一个重要依据。对于不同的顾客来说，所关注的产品的功能也不同。推销人员必须首先关注客户所需要的功能，如果盲目按照说明书进行介绍很可能适得其反。例如现在智能手机受到多数消费者的欢迎，但是对于年龄较大的顾客来说，各种智能应用反而是多余的，甚至是使用时的障碍。相对而言，简单的操作、清晰的按键、大字体的屏幕反而是中老年顾客最关注的功能。

（3）质量异议。质量是产品一切属性中最重要的一项，是产品的生命。顾客对产品功能、造型等方面的选择都是以产品质量是否令其满意为前提的。

（4）价格异议。顾客对产品的价格总是最为敏感的，即使产品的定价比较合理，顾客仍会有异议。在顾客看来，讨价还价是天经地义的，因而，推销人员必须沉着应对。有些顾客是不懂市场行情的，只是从购买心理上，希望给予折扣优惠。而有些顾客是了解市场行情的，会在比行情价格后提出价格异议。还有些顾客可能是因为支付能力不够，所以提出价格异议。也存在个别例外的客户，会认为产品价格过低，担心品质不好，而难以接受。认真倾听顾客的抱怨，快速分清顾客的异价心理，有针对性地进行沟通和疏导。

（5）货源异议。这类顾客通常比较关心产品的产地、推销人员所在的公司等。比如经常会有顾客问"你是哪个公司的？""我怎么从没听说过这家公司？"，或者"我用的是××公司的产品"。顾客提出货源异议，表明顾客愿意购买产品，只是对推销人员及其所代表的公司还不太了解，心存顾虑。当然，有些顾客是利用货源异议来与推销人员讨价还价，甚至利用货源异议来拒绝推销人员。因此，推销人员应认真分析货源异议的真正原因，利用恰当的方法来处理货源异议。

（6）品牌异议。很多人买东西时非常注重产品的品牌，品牌是产品的灵魂，是产品使用价值和信誉的体现。新品牌上市推广时，推销人员更得用加倍的耐心解说和良好的服务，赢得顾客的信任，开拓市场，树立品牌。

了解顾客异议产生的各种可能原因，才能帮助推销人员更好地针对具体原因处理顾客异议。顾客常用的借口及真实原因见表5—1—1。

表5—1—1　　顾客常用的借口及真实原因

借　口	真实原因
考虑考虑再说	没钱；目前不需要；价格太贵；对产品、公司、推销员不信任
没钱	有钱但不舍得买；对商品缺少兴趣；暂时确实没有支付能力
要和领导（或妻子）商量商量	自己拿不定主意；对产品、推销员或公司不信任
多给我一点时间	没有其他人的同意，无权擅自购买；对产品不信任
还没有准备要买	认为别处可以买到更合算的；此时忙着处理其他事情；目前财力缺乏，支付能力不足
已经有了	不想更换供货厂家；同类产品还在使用中，目前还没有更换的需要
价格太贵了	想到处比价
没打算要买	此时忙着处理其他事情

二、顾客异议的类型

1. 按异议的性质划分

（1）真实异议。是指顾客对推销的真实看法和反应，是顾客购买行为的有效障碍，也称为有效异议。对于真实异议，推销人员必须认真对待，仔细分析，从根本上消除顾客的真实异议。

（2）虚假异议。是指顾客为了拒绝购买而编造的各种借口，是顾客对推销介绍的一种虚假表现，也称为无效异议。

日本的一位推销专家曾作过一次关于拒绝理由的调查，“当你受到推销员访问时，你是如何拒绝的?”，调查结果见表5—1—2。

表5—1—2　　调查结果

回答类别	所占比例（%）	回答类别	所占比例（%）
有明确的拒绝理由	18.7	仅凭直觉	47.2
没有明确的拒绝理由	16.9	其他	10.4
忙碌，没有时间	6.8		

可见，大多数的顾客在拒绝推销时并没有明确的理由，只是为了拒绝推销人员的接近，反对他们进一步推销而已。在顾客提出异议时，往往出于各种各样的原因，表达出虚假的异

议，而不告诉你为什么他们真的不想购买，且刻意隐瞒“真相”。对于一些成熟的消费者来说，在购买过程中也经常会运用一些策略，提出一些虚假异议以争取达到自己的真实目的。当顾客想要你降低价格时，他通常会挑出某些毛病来，比如“这套衣服的颜色不太好”“这套房子的景观不是很好”之类的异议，以达到降价的目的。

对于销售人员来说，真实异议比较容易解决，顾客认为价格高，那就进行价格协商；认为款式不好，那就推荐其他款式。而对虚假异议推销人员解决起来就相对困难一些，即使给予了解答也不一定成交。因此，在处理顾客异议前，一定要先区分异议的真假，这样才有可能说服顾客购买。虚假异议通常分为两种：一种是顾客所提出的异议只是他用来敷衍、应付销售人员的借口，目的是不想和销售人员交谈，不想真心介入销售活动；另外一种是顾客虽然提出很多异议，但这些异议并不是他们真正在意的地方。

那么，如何区分真假异议呢？推销员可以通过观察、倾听、采用封闭式问答等方式予以区别。

观察提出异议时的神态。比如，有的顾客不太了解所销售的产品，但又不愿花时间去听讲解，也不想直接就否定产品，他们可能会说“已经买了”，或“今天很忙，有空再买”之类的话来搪塞。这时顾客并不想说出真正的异议。

倾听异议的具体内容。认真倾听顾客异议的内容，只要仔细听，就会发现有的顾客提出一些与产品毫无关系的异议，而有的顾客却非常认真、仔细地讲述异议，提出一大堆异议需要给予确切回答。

注意解答异议后的反应。在解答异议后，顾客若还是左摇右摆、迟迟不作决定，或是无动于衷，那么有两种可能性：一是他根本就没有购买的意愿；二是销售人员解说时感染力不强，答案不清晰等。

【案例】 采用限制性提问区分真假异议。

顾客：398元，太贵了。（提出价格异议，但不知是真是假）

销售员：哦，价格贵呀，那如果给您优惠价格，您买吗？（限制性提问辨别真假）

顾客：“问题也不全是价格，款式有些老土，穿上不是很好看。”（价格异议为假，产品异议为真）

销售员：没关系，我们还有其他款式，您看这个怎样？（积极解决真实异议）

顾客：不错，这个样子我挺喜欢……（一个真实异议消除）

限制性提问的标准句式如下：

……是这样（顾客提出一个异议）。那请问，如果我能够圆满解决您提出的问题您会考虑我的建议（购买建议）吗？

限制性提问不但能分辨真假异议，还能循环使用，挖掘出顾客的全部异议。要知道，在销售中，只要有一个异议未被消除，交易就难以达成。

2. 按异议的内容划分

（1）需求异议，需求异议是指顾客认为不需要产品而形成的一种反对意见。往往是在推销人员向顾客介绍产品之后，顾客就有的一种当面拒绝的反应。

例如，“我们现有的产品很好”“我们根本不需要它”“这种产品我们用不上”“我们已经有了”等。这类异议有真有假，真实的需求异议是成交的直接障碍，推销人员如果发现顾客真的不需要产品，那就应该立即停止推销，以免浪费时间和精力，甚至引起顾客的反感。虚假的需求异议既可表现为顾客拒绝的一种借口，也可表现为顾客没有认识或不能认识自己的需求。推销人员应认真判断顾客需求异议的真伪性，对有虚假需求异议的顾客，设法让他觉得推销产品提供的利益和服务符合其需求，使之动心，再进行推销。

(2) 价格异议。价格异议是指顾客以推销产品价格过高而拒绝购买的异议。无论产品的价格怎样，总有些人会说价格太高、不合理或者比竞争者的价格高。

例如，“太贵了，我买不起”“我想买一种便宜点的型号”“我不打算投资那么多，我只使用很短时间”“在这些方面你们的价格不合理”“我想等降价再买”。当顾客提出价格异议，表明他对推销产品有购买意向，只是对产品价格不满意，而进行讨价还价。当然，也不排除以价格高为借口拒绝推销。在实际推销工作中，价格异议是最常见的，推销人员如果无法处理这类异议，就难以达成交易。

(3) 财力异议。财力异议是指顾客认为缺乏货币支付能力的异议。

例如，“产品不错，可惜无钱购买”“近来资金周转困难，不能进货了”等。一般来说，对于顾客的支付能力，推销人员在寻找顾客的阶段已进行过严格审查，因而在推销中能够准确辨认真伪。真实的财力异议处置较为复杂，推销人员可根据具体情况，协助对方解决支付能力问题，如答应赊销、延期付款等，或通过说服使顾客觉得购买机会难得而负债购买。而对于将财力作为借口的异议，推销人员应该在了解真实原因后再作处理。

(4) 购买时间异议。购买时间异议是指顾客通过拖延时间来拒绝推销或达到其他目的的一种购买异议。

顾客总是不愿马上作出决定，许多顾客用拖延来代替说“不”。推销人员经常听到顾客说：“让我再想一想，过几天答复你”“我们需要研究研究，有消息再通知你”，以及“把材料留下，稍后答复你”等。这些拒绝明显意味着顾客还没有完全下定决心，拖延的真正原因可能是价格、产品或其他方面。有些顾客还利用购买时间异议来拒绝推销人员的接近和面谈。因此，推销人员要针对异议内容具体分析，有的放矢，认真处理。

(5) 权力异议。权力异议是指顾客以缺乏购买决策权为由而提出的一种购买异议。

与需求异议和财力异议一样，权力异议也有真实和虚假之分。推销人员在寻找目标顾客时，就已经对顾客的购买资格和决策权力状况进行过认真的分析，也已经找准了决策人。面对没有购买权力的顾客极力推销产品，是推销工作的严重失误，是无效推销。在决策人以无权力购买为借口拒绝推销人员及其产品时放弃推销，更是推销工作的失误，是无力推销。推销人员必须根据自己掌握的有关情况对权力异议进行认真分析和妥善处理。

(6) 其他异议。除了上述异议外，常见的异议还有产品异议、推销员异议、货源异议、服务异议等，在前面的成因中已作了分析，此处不再赘述。

任务实施

李林首先要用积极的心态面对异议，先分析异议的主要原因出自哪里，再判断每个异议的真假，属于什么类型。针对异议的成因、真假和类型，就可以了解顾客的真实想法，从而化解异议，达成交易。

一、分析异议成因

这些顾客提出的异议主要是关于产品的价格、外形、品牌以及服务方面的。这些异议，可能来自顾客自己的原因，也可能来自销售人员或产品本身，这需要销售人员根据与顾客的交流沟通来辨别，可以通过提问，如“为什么您觉得贵呢?”“为什么您说质量不好呢?”来了解顾客的真实想法，探究产生异议的真实原因。

二、区分真假异议

李林仔细观察顾客提出异议时的神态，并提出一些限制性问题，注意异议解答后顾客的反应。对于顾客提出的价格异议、产品式样异议和品牌异议，也许是真实异议，也有可能是虚假异议。李林提出价格上可以优惠，或者再考虑另一款空调，如果顾客没有反应，这些异议很可能就是虚假异议，是顾客为了掩盖真实的异议而提出的；若顾客有所反应则说明异议是真实异议。对于“听说质量不是很好，返修率比较高”的异议，由于该产品是新上市的，还不怎么可能会出现“返修率”等问题，李林可以很容易辨别出来是虚假异议，顾客也许是为了争取价格上的更大优惠或者是为了为难推销人员而提出的。

三、划分异议类型

针对顾客提问的内容可以将顾客异议分为价格异议、产品异议和服务异议。顾客并没有提出需求异议、购买时间异议、权力异议和财力异议，说明顾客有需求，只要成功化解顾客的异议，推销是有可能成功的。顾客异议类型的划分见表 5—1—3。

表 5—1—3　　划分顾客异议类型

顾客异议	可能的原因	真假异议	异议类型
“真的节能吗”	来自顾客本身（对这一品牌不了解或是一种不想买的借口）； 来自销售人员（介绍不清楚）	真实异议	产品功能异议
“牌子不怎么有名气”	来自顾客本身（对这一品牌不了解或是一种不想买的借口）； 来自产品（在空调品牌排行中靠后一些）	对品牌不了解为真实异议； 只是借口为虚假异议	产品品牌异议
“价格有些偏高了”	来自产品（比普通空调贵）； 来自顾客（是一种不想买的借口）	接受不了这个价格为真实异议； 只是借口为虚假异议	价格异议
“外形看起来不够新颖”	来自顾客（是一种不想买的借口）； 来自产品（产品外形普通，顾客不喜欢）	真不喜欢为真实异议； 只是借口为虚假异议	产品造型异议
“听说质量不是很好，返修率比较高”	来自顾客（是一种不想买的借口）	虚假异议（顾客所说的明显与事实不符，所以可辨别出是虚假异议）	产品质量异议
“售后服务好像不太好”	来自顾客（是一种不想买的借口）	虚假异议（顾客所说的明显与事实不符，所以可辨别出是虚假异议）	服务异议

思考与练习

一、简答

1. 怎样辨别真假异议？

2. 为什么说“嫌货才是买货人”？

二、案例分析

小张刚刚被聘到××品牌服装专卖店进行销售，就赶上了暑期特卖，有很多断码、过时款型的衣服都在大幅度降价销售。一天，专卖店来了一位身材发福的中年女性顾客，该顾客东逛逛西逛逛，挑挑拣拣，小张由此判断该顾客还是比较挑剔的。当该顾客专注于具体一款衣服稍有停留时，小张马上说道：“这款服装正在促销优惠，”期望引起顾客的购买欲望。谁知该顾客生硬地说：“我是这个品牌的老客户……”说完扭头离开了。面对这种状况，小张一时觉得很难理解。

问题：

1. 该顾客的异议来自于什么原因，属于哪种类型？

2. 小张的问题出在哪里，正确的做法应该是什么？

任务2　处理异议

任务引入

在销售空调过程中，面对形形色色的顾客提出的各式各样的异议，仅仅学会分析异议产生的原因、辨别异议的真假和划分异议类型，还是远远不够的。如何轻松化解顾客的异议，满足他们的需求并说服他们购买？如何提高自己的销售业绩？是销售人员最迫切的问题。

任务分析

成功化解顾客的异议，首先要掌握处理顾客异议的原则，即事先做好心理准备和应答语的设计准备，选择恰当的回答时机，以真诚友好的态度来回答顾客的异议，决不与顾客争辩。其次，对于不同的异议，选择恰当的方法和技巧进行化解。

相关知识

一、处理异议的原则

1. 做好准备工作

“不打无准备之仗”，这是销售人员面对顾客拒绝时应遵循的一个基本原则。销售前，销售人员要充分估计顾客可能提出的异议，做到心中有数。这样，即使遇到难题，也能从容应对。事前无准备，就可能不知所措，顾客得不到满意答复，自然无法成交。可以说，良好的准备工作有助于消除顾客异议。

【案例】 一位推销人员在拜访顾客之前，打听到这位顾客非常挑剔，总喜欢提出异议。于是，他经过精心准备之后，满怀信心地去拜访这位顾客。一见面，推销人员很礼貌地说："我知道您是一位非常有主见的人，对于我的推销一定会提出不少的好建议。"一边说着，一边将事先准备好的36张卡片摊在顾客面前，"请您随便抽出一张来。"顾客随手从中抽出一张卡片，卡片正面写的正是一条异议。而卡片的背后标明了对该条异议的理解和解释。顾客把36张卡片都看完后，忍不住笑了起来。于是，双方成交了。

有些成功的企业专门组织专家收集顾客异议，然后制定出标准应答语，要求销售人员记住并熟练运用。具体步骤如图5—2—1所示。

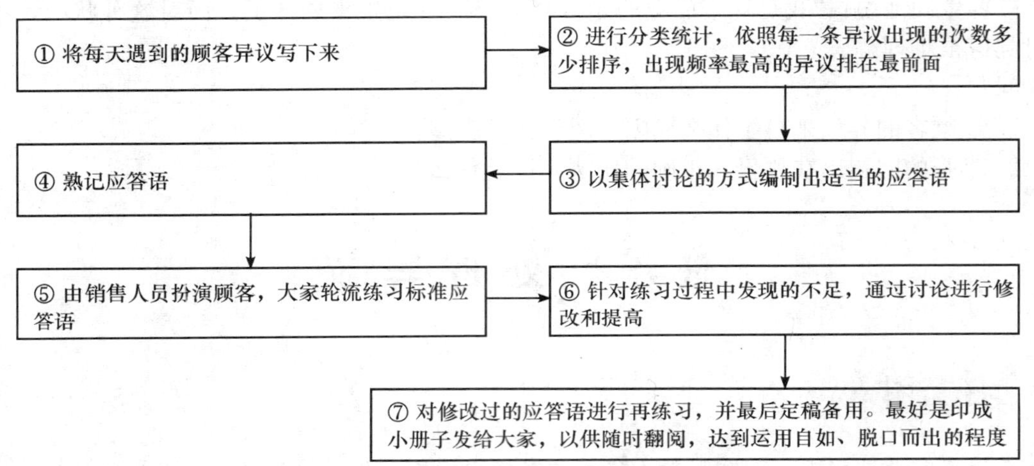

图5—2—1 收集并解答顾客异议的步骤

2. 选择恰当时机

慎重、合理地选择回答和处理顾客异议的时机非常重要。同样的问题，同样的回答内容，如果时机选择的不同，效果也大不一样。根据美国对几千名销售人员的调查研究，优秀销售员所遇到的顾客严重反对的机会只是其他人的1/10，原因就在于优秀销售员往往能选择恰当的时机对顾客的异议提供满意的答复。

（1）在顾客提出异议之前，推销员预先阐述。有经验的推销员，能够预知顾客可能产生的异议，在推销洽谈中，主动提出来并加以解释。例如，预见到顾客可能会对产品的价格提出异议，推销员可以在销售陈述中主动提及该产品与同类竞争产品的价格对比，包括价格分解。

这样做的好处有：采取主动，先发制人；避免在顾客产生不满时，再由顾客提出，导致双方关系紧张；使顾客感受到推销员坦率、诚恳的个性和品格，增加信任度。

（2）在顾客提出异议后立即回答。对于大多数顾客的有效异议，推销员应当场立即答复，使洽谈顺利进行下去。

特别是面对以下状况，最好立刻处理顾客异议：

第一，当顾客提出的异议是属于他关心的重要事项时。

第二，必须处理后才能继续进行销售说明时。

第三，当处理异议后，能立刻请求订单时。

（3）对顾客提出的异议延缓回答。对于有些问题，推销员延缓对顾客异议的处理，反而比立即处理的效果要好。

第一，对于推销员不熟悉的问题，特别是一些技术性强的问题，推销员在顾客提出异议时，先将问题记录下来，待回去作深入了解之后，再来回答，或是让专业技术人员来回答。这样，使顾客感到他的意见受到了推销员的重视，比仓促回答的效果要好。

第二，如果顾客在推销活动的早期阶段，提出难度大的、核心的问题，推销员应表示这个问题稍后会有答案。同时，不忘赞美顾客“您水平真高，一下子就提出了这样核心的问题”。

第三，当洽谈气氛紧张，双方情绪不好时，推销员一般要对顾客异议作“冷处理”。

（4）对顾客提出的异议不予回答。不必回答的异议包括顾客明显的托词、肤浅的见解、有意发难、无法回答的奇谈怪论、废话、戏言等。

3. 忌与顾客争辩

不管顾客如何批评，销售人员永远不要与顾客争辩，否则，失败的永远是销售人员。

推销员在推销过程中最易犯的毛病是强调自我，忽略顾客利益。沃尔玛的创始人萨姆·沃尔顿先生认为经营企业必须秉承的两条原则是：第一，顾客永远是对的；第二，如果顾客错了，请参考第一条。事实上，推销的目的并不是辨明是非，争个高低，其目的只在于能够促成交易，提供服务，满足需求。当然，认为顾客对并不等于推销员是错的。有些顾客的无理取闹以及偏激的异议会包含许多不合理的成分，推销员要克制和回避。

例如，一位卡车推销员过去是司机，他对自己推销的卡车非常熟悉。在推销中，只要有人挑剔他的车，他就立即与之辩论，因为他经验丰富，所以经常是辩论的胜者。每当他走出顾客的办公室的时候，总是自豪地说：“我又教训了他一次。”事实上他确实以丰富的产品知识和经验教训了很多顾客，但是最终也没有卖出去几辆车。正如本杰明·富兰克林所说：“如果你老是抬杠、反驳，也许偶尔能获胜，但那是空洞的胜利，因为你永远得不到对方的好感。”对于销售人员来说，只有获得顾客的好感，才能赢得顾客的订单。因此，争辩是销售的第一大忌，口头取胜，却容易失去顾客，最终使得销售落空。占争辩的便宜越多，造成的客户流失也越快，吃销售的亏越大。

4. 给顾客留“面子”

顾客的意见无论是对是错、是深刻还是幼稚，销售员都不能给对方留下轻视的感觉。推销员要尊重顾客的意见，讲话时面带微笑、正视顾客，听对方讲话时要全神贯注，回答顾客问话时语气不能生硬。“你错了”“连这你也不懂”“你没明白我说的意思，我是说……”，诸如此类的表达方式抬高了自己，贬低了顾客，挫伤了顾客的自尊心，不给顾客留面子，很难使交易进行下去。很多情况下，适当地赞美顾客，如夸奖顾客有眼光反而可以让顾客打消各种异议，及时促成交易。

二、处理异议的技巧

1. 直接否定法

直接否定法又称反驳处理法，是指推销人员根据比较明显的事实和充分的理由直接否定顾客异议。在顾客对企业的服务、诚信有所怀疑时，推销人员必须直接反驳，因为顾客若对企业的服务、诚信有所怀疑，那么，推销人员拿到订单的机会就几乎等于零。在顾客引用的资料不正确时，推销人员也可以直接否定，能以正确的资料佐证自己的说法，顾客会很容易接受，反而会更信任。使用直接否定法时，在遣词用语方面要特别留意，态度要诚恳、对事不对人，切勿伤害了顾客的自尊心，要让顾客感受到你的专业与敬业。直接否定法的具体内容见表5—2—1。

表5—2—1　直接否定法

优　点	缺　点	适用范围
①有效道破顾客的各种借口	①运用得不好，容易引起顾客与推销人员之间的冲突	适用于处理由于顾客的误解、成见、信息不充分等导致的有明显错误、漏洞、自相矛盾的异议； 不适用于处理无效异议与无关异议，也不适用于处理因个性、情感等因素引起的顾客异议
②反馈速度快，增强顾客购买的信心，提高推销效率	②使顾客产生心理压力和抵触情绪，甚至伤害顾客的自尊心，造成紧张气氛，导致推销失败	

注意事项：第一，运用直接否定法，必须有理有据，通过摆事实、讲道理的方法来验证顾客异议的准确性。第二，推销人员在反驳顾客异议时，应该保持诚恳、友好的态度，要以向顾客提供更多产品信息为原则，不可强词夺理，做到虽然反驳了顾客的异议，但又不冒犯顾客。

【案例1】

顾客："这房屋的公共设施占总面积的比率比一般房屋要高出不少吧？"

推销员："您大概有所误解，这次推出的花园房，公共设施占房屋总面积的18.2%，而一般大厦公共设施占地面积比率平均达19%，我们比平均比率要少0.8%。"

【案例2】

顾客："你们企业的售后服务风气不好，电话叫修都姗姗来迟！"

推销员："我相信您了解到的一定是个案，有这种情况发生，我们感到非常遗憾。我们企业的经营理念就是服务第一。企业在全省各地的技术服务部门都设有电话服务中心，随时联络在外服务的技术人员，希望能以最快的速度替顾客服务，以达成电话叫修后两小时一定到现场修复的承诺。"

【案例3】

顾客："你们的产品比别人贵。"

推销员："不会吧，这里有其他公司同类商品的报价单，我们的价格是同类商品中最低的。"

【案例4】

顾客："5 000元，太贵了。"

推销员："不贵啊，我们的产品可以使用10年，如果按'天'换算，每天您只需要1.3元就可以享受这么高端的产品了。"

【案例5】

顾客："红色太艳丽了，不适合老年人穿。"

推销员："不会啊，很多和您年纪差不多的顾客都选择了这款衣服。多穿些艳丽的衣服，才更显得自己年轻有活力啊！"

2. 间接否定法

间接否定法又称转折处理法，推销员首先不直接反驳顾客的意见，承认顾客的看法有一定的道理，向顾客作出一定的让步，对顾客的异议表示同情和理解，然后才讲出自己的看法。

比较下面两段话中A、B的两种说法，感觉是否有天壤之别。

A："您根本没了解我的意见，因为状况是这样的……"

B："平心而论，在一般的状况下，您说的都非常正确，如果状况变成这样，您看我们是不是应该……"

A："您的想法不正确，因为……"

B："您有这样的想法，一点也没错，当我第一次听到时，我的想法和您完全一样，可是如果我们作进一步的了解后……"

销售人员要养成用B方法表示自己对顾客异议的不同意见，这就是间接否定法。间接否定法的具体内容见表5—2—2。

表5—2—2　间接否定法

优　点	缺　点	适用范围
①先退后进，有利于融洽气氛	①可能会使顾客增强坚持异议的信心，增加了推销的难度	适用于因顾客成见、偏见或信息不通而产生的异议； 不适用于探索型、疑问型的顾客异议
②顾客感到被尊重、被理解，心理上容易接受	②尺度掌握得不好会使顾客感到推销员回避矛盾、玩弄技巧，从而产生反感情绪	

注意事项：转折不要太过直接，要不露声色。多用"是的……如果（不过）……"句型，而少用"是的……但是……"句型，因为"但是"的字眼在转折时过于强烈，很容易让顾客感觉到你说的"是的"并没有多大诚意，你强调的是"但是"后面的诉求。因此，在用"但是"时，要多加留意，以免违背了处理顾客异议的原意。

【案例1】

顾客："这东西太贵了！"

推销员："是啊，不少顾客也这么认为，不过，当他们仔细比较后，最后还是认为买它是比较划算的。"

【案例2】

顾客："这个金额太大了，不是我马上能支付的。"

推销员："是的，我想大多数人都和您一样，立刻支付时是有困难的。但是，如果配合您的收入状况采用分期付款的方式，就会让您支付起来一点也不费力。"

【案例3】

顾客："这个东西太贵了。"

推销员："这个东西价格是不低。不过，与同类型产品相比，它增加了三项非常实用的功能，从价格性能比的角度来看，它还是便宜的。"

【案例4】

顾客："现在还没有这么多钱买房子。"

推销员："是的，多数人都不可能一下拿出这么多钱来。但是，房价一直比工资涨得快啊，现在买房多数人都是贷款啊，您可以先付部分首付。"

【案例5】

顾客："我已经有了一个剃须刀，不需要再买了。"

推销员："哦，那很好啊。但是，这么好的一款产品，您不打算买一个送给您的父亲或者朋友？"。

3. 利用法

利用法又称转化处理法，是指推销员直接利用顾客异议中有利于推销成功的积极因素，并对此加工处理，转化为自己观点的一部分去消除顾客异议，说服顾客接受产品。利用法的具体内容见表5—2—3。

表5—2—3　　利用法

优点	缺点	适用范围
①把拒绝的理由转化为购买的理由，把成交的障碍转化为成交的动力 ②以子之矛，攻子之盾，从而使销售员反驳异议的说服力增强	可能会使顾客觉得被人钻了空子，受到了愚弄，从而产生不快或抵触情绪	适用于真实的、有效的顾客异议；不适用于带有成见的、虚假的顾客异议

注意事项：第一，先肯定顾客的看法或赞美顾客。顾客提出异议是我们利用的基础，只有先承认其合理性，才能加以利用。第二，不要欺骗顾客，任意发挥。否则，顾客会认为你在耍花招、钻空子，甚至惹恼顾客，适得其反。推销员向顾客传递的信息应该是客观、真实、准确的。

【案例1】

顾客："收入少，没有钱买保险。"

推销员："就是收入少，才更需要购买保险，以获得必要保障。"

【案例2】

顾客："贵企业把太多的钱花在做广告上，为什么不把钱省下来，作为进货的折扣，让我们的利润好一些？"

推销员："就是因为我们投入大量的广告费用，顾客才会被吸引到指定地点购买指定品牌，不但能节省您销售的时间，同时您还能顺便销售其他的产品，您的总利润还是最大的吧！"

【案例3】

顾客抱怨说："你们这种暖风机太小了。"

推销员："对呀，小巧玲珑是我们这个品牌暖风机的一大特点，非常适合小朋友在家做作业时取暖。"

【案例 4】

顾客抱怨说："你们的服装款式没啥新颖的"。

推销员："我们做的都是经典款，您购买后，不用担心一段时间后就会过时的问题"。

4. 补偿法

补偿法又称抵消处理法、平衡处理法，是指推销员在坦率承认顾客异议提出的问题确实存在的同时，指出顾客可以从推销品及其购买条件中得到另外的实惠，使异议所提问题造成的损失得到充分补偿。补偿法的具体内容见表 5—2—4。

表 5—2—4　　补偿法

优　点	缺　点	适用范围
①先实事求是承认缺陷，再另外提出和强调优点，有利于顾客达到心理平衡	推销员肯定了顾客异议，承认产品缺陷，削弱了顾客对产品的信心	适用于顾客已明确提出的异议，推销产品存在明显缺陷的异议，或真实有效的异议
②推销员肯定了顾客的异议，有利于改善顾客与推销员之间的关系		

注意事项：产品带来的好处弥补缺陷之后的净价值，要大于顾客支付的价格，那么购买产品是划算的；补偿的利益要大于异议涉及的损失，净利益要大于顾客支付的价格。

【案例 1】

顾客："这个皮包的设计和颜色都非常棒，令人耳目一新，可惜皮料的品质不是很好。"

推销员："您真是好眼力，这个皮料的确不是最好的，若选用最好的皮料，价格恐怕要高出现在五成以上。"

【案例 2】

顾客："这部车价格不算贵，但最快只能跑 180 公里/小时，太慢了。"

推销员："180 公里/小时的时速确实不算高，但这款车型设计时考虑的是经济性，非常省油。我想您也不愿意将钱浪费在平时很少用到的高速行驶上。"

【案例 3】

顾客："这批羽绒服要到 10 月份以后才销得出去，提前两个月进货，占用资金时间太长。"

推销员："现在进货可以享受七折优惠，还是很划算的。"

5. 询问法

询问法又称反问处理法、追问处理法，是指推销员利用顾客异议来反问顾客以化解异议的方法。通过询问可以引导与顾客的谈话，同时取得更确切的信息，这是一种被广泛应用的异议处理方法。销售人员在没有确认顾客反对意见的重点及程度前，直接回答顾客的反对意见，往往可能会引出更多的异议，这个时候不妨用委婉的语气，将对方具体的反对意见询问清楚之后，再作回答；或者复述一下反对意见后，问一下"您的意思是这样的吧?"询问法的具体内容见表 5—2—5。

表 5—2—5　　询问法

优　点	缺　点	适用范围
①通过询问，推销员可以掌握更多的信息，为进一步推销创造条件	可能引起顾客的反感。若提问的方式和内容不当，则可能引发新的异议，或造成推销时间浪费，反而错过推销的有利时机	主要适用于处理各种不确定型的顾客异议； 不适合处理各种无关异议
②在询问的同时，赢得了思考时间和制定下一步推销策略的时间		

注意事项：询问要及时，只有及时询问顾客，了解顾客的真实想法，才能引导顾客把产生购买障碍的真正原因讲出来；对于那些对推销或成交无关的异议，以及次要的或无效的顾客异议，是不该进行询问的，只需要对那些不处理就不能成交的顾客异议进行询问和了解；应该尊重顾客，对顾客不愿意讲的，或讲不清楚的异议根源，不要打破砂锅问到底，应察言观色，适可而止。

【案例 1】

顾客："我希望您价格再降百分之十!"

推销员："××总经理，我相信您一定希望我们给您百分之百的服务，难道您希望我们给的服务也打折吗?"

【案例 2】

顾客："我希望您能提供更多的颜色让顾客选择。"

推销员："报告××经理，我们已选择了五种最容易为顾客接受的颜色，难道您希望有更多颜色的产品，增加您库存的负担吗?"

【案例 3】

顾客："这台复印机的功能，好像比别家要差。"

推销员："这台复印机是我们最新推出的产品，它具有放大缩小的功能、纸张尺寸可以从 B5 到 A3；有三个按键用来调整着墨浓淡；每分钟能复印 20 张，复印品质非常清晰……"

顾客："每分钟 20 张实在不快，别家复印速度每分钟可达 25 张，有六个刻度能调整着墨浓淡，操作起来好像也没那么困难，复印品质比您的要清楚得多了……"

【案例 4】

顾客："我现在还不怎么需要。"

推销员："您现在买，可以有八折优惠，还有礼品赠送。如果过了促销期，就恢复原价了。早晚都需要，现在买，还是挺经济实惠的。"

案例 3 告诉我们，销售人员若是稍加留意，不要急着去处理顾客的反对意见，而能提出这样的询问，如"请问您是觉得哪个功能比那一家的复印机要差?"顾客的回答也许只是他曾经碰到××牌的复印机，具有六个刻度调整复印的浓淡度，因而觉得你的复印机的功能好像较差。若是销售人员能多问一句，他所需要处理的异议仅是一项，可以很容易地处理，如"贵企业的复印机并非由专人操作，任何员工都会去复印，如果调整浓淡的刻度过多，员工往往不知如何选择，常常造成误印。本企业的复印浓度调整按键设计有三个，一个适合一般的原稿，一个专印颜色较淡的原稿，另一个专印颜色较深的原稿。"经由这样的说明，顾客的异议可以很容易获得化解。

销售人员的字典中，有一个非常珍贵、价值无穷的词——“为什么”，不要轻易地放弃了这个利器，也不要过于自信，认为自己已能猜出顾客为什么会这样或为什么会那样，要让顾客自己说出来他在想什么。当你问为什么的时候，顾客会作出以下反应：他必须回答自己提出反对意见的理由，说出自己内心的想法；他必须再次地检视他提出的反对意见是否妥当。

6. 冷处理法

冷处理法又称不理睬法、装聋作哑处理法，是指推销员判明顾客异议与推销活动主题无关紧要，或是顾客有意刁难时，采取的避而不答的异议处理方法。冷处理法的具体内容见表5—2—6。

表5—2—6　冷处理法

优　点	缺　点	适用范围
①避免节外生枝，浪费时间	可能会使顾客觉得他没有受到应有的重视	适用于无效异议、虚假异议以及与推销无关的异议
②使推销员避免了与顾客在一些与成交关系不大的问题上发生不必要的争执和冲突		

注意事项：在不理睬顾客提出的某一异议时，要尽快找到需要讨论的下一个话题，以免冷落顾客。

【案例1】

顾客：“啊，你原来是××公司的推销员，你们公司周围的环境可真差，交通也不方便呀！”

推销员：“先生，请您看看产品……”（尽管事实并非如此，也不争辩）

【案例2】

顾客：“这款空调机的广告为什么不找成龙拍？而找×××，若是找成龙的话，我保证早就向您再进货了。”

推销员微笑点头，表示“同意”。

【案例3】

顾客：“你们厂可真不好找。”

推销员随声附和，并转移话题：“对，我们厂的位置是有点偏。您看看，我们的新产品在功能上又有了一些改进。”

【案例4】

顾客：“听说日本车质量都不好？”

推销员：“您是从什么渠道听说的？”“您具体指的是哪方面的质量呢？”

【案例5】

顾客：“听说这款车油耗比较大？”

推销员：“您所说的油耗，是在什么状态下？”

任务实施

一、把握处理异议的原则

李林为了有效应对顾客异议，做了充分的准备工作，他认真学习公司的销售手册，并向有经验的销售人员请教，然后将常见的异议编制了应答语熟记在心，做到心中有数。

他仔细倾听顾客的意见，采用适当的回答时机回答顾客的各种异议，而对于顾客的误解、偏见或由于对产品的不了解而没有根据地提出的异议，他也始终面带微笑，以非常友好真诚的态度，为顾客解答异议，不与顾客进行争辩。因此，收到了较好的效果。

二、用技巧化解异议

李林对待购买空调的顾客的每一种异议，采用间接否定法、补偿法、冷处理法等相应的异议处理方法来化解顾客异议。具体内容见表 5—2—7。

表 5—2—7　　处理顾客异议的具体方法

顾客异议	应答语设计	回答时机	可采用的异议处理方法
“真的节能吗”	是的，很多顾客都会提出这个问题，不过，现在的空调上全部都张贴了“中国能效标识”，对于能耗等级您可以一目了然。我们的空调采用的是三菱高效压缩机，强力制冷、制热，荣获国家节能认证，且能效比高达 3.48 以上，超过了国家 1 级标准，是目前国内市场上能效比较高的空调，省电高达 35％	立即回答（由于对产品功能产生怀疑，所以必须要立即回答，否则影响顾客的购买决策）	间接否定法（对顾客的异议加以肯定，顾客感到被尊重，然后用数据和事实来否定顾客的怀疑）
“牌子不怎么有名气”	您有这样的想法，可以理解，因为我们的空调确实没有格力、美的这些品牌名气大，但如果作进一步的了解您就会知道，我们有 12 年专业空调制造经验，是一家以家用和中央空调研发、生产、销售为主的大型现代化企业，先后荣获中国名牌产品、中国驰名商标等称号，并获得国家首批免检产品等荣誉，您完全可以放心	立即回答（品牌是顾客选择家电产品的一个很重要的考虑因素，因此要立即回答）	间接否定法（对顾客的说法表示理解，然后再用事实说服顾客）
“价格有些贵了”	是的，这价格是比普通的空调贵一点，不过购买空调后要使用很多年，节能的空调要比普通的空调节省很多电，长期使用能省不少电费，这样算来还是便宜的，同时还能为环保做出自己的贡献	立即回答（节能空调一般都要价格贵一些，所以打消顾客的价格异议才有可能说服其购买）	补偿法（先承认顾客的看法，再从节省电费方面来弥补顾客的损失）

续表

顾客异议	应答语设计	回答时机	可采用的异议处理方法
“听说质量不是很好，返修率比较高”	怎么会呢？我们的空调在众多的知名品牌抽查中，是拿奖项最多的，而且，我们的空调今年刚在“中国空调产品质量用户满意度调查”活动中获得第一名	立即回答（对产品质量有怀疑，这是购买的很大障碍，必须立即反驳）	直接否定法（这是顾客的误解或偏见，要坚决否定，但要用数据和事实来说服顾客）
“你们的服务不行，态度不太好”	这更不可能了，我们的品牌承诺六星服务：6 年整机包修、10 年免费年检，而且有 8 000 多个服务网点，24 小时服务热线	立即回答（对服务有怀疑也是阻碍购买的重要因素）	直接否定法（这是顾客的误解或偏见，要坚决否定，但要用数据和事实来说服顾客）
“外形看起来不够新颖”	正因为它外形不是最时尚的设计，所以价格才比其他同配置的节能空调便宜几百块钱	立即回答（家电使用中，外形毕竟不是最重要的因素，所以可说服顾客忽视）	利用法（用外形的不足和可以带来的价格优惠相比，缺点反而成为优点）
“广告拍得不好，形象代言人选得不好”	只是点点头，而不发表意见，或是称赞一下顾客：哦，您的见解很独到	不回答（与购买无关紧要，或是顾客有意刁难，不用回答）	冷处理法（避免了与顾客发生不必要的争执）
“我觉得这款空调不如×××牌的一款空调”	您能详细说一下在哪些地方不如×××牌的那款空调吗	立即回答（立即追问顾客，可以找出顾客的真实需求和看法）	询问法（对影响购买的异议要重视，通过询问，有利于进一步化解顾客异议）

思考与练习

一、简答

1. 如何看待李林所做的事前准备？

2. 顾客异议应该在什么时机回答好呢？

3. 在运用不同的顾客异议处理方法时，应该分别注意哪些问题？

二、案例分析

“我无权决定购买”——是一个冠冕堂皇且很有分量的异议，推销人员一般都会止步于此，但齐德勒先生却巧妙地化解了这个异议。齐德勒先生是一位烹调器的推销员，一次他在向一位家庭主妇作了产品介绍后，约好第二天再去拜访。第二天，这位家庭主妇虽然在家等着他的拜访，但听了他对产品进一步的说明后便说：“我还要再考虑一下，这件事还要同丈夫商量后再决定。”这时，齐德勒先生虽然知道这次成交的机会不大，但他还是想要确定，这位妇女是有意拖延，还是确有理由不买，是真的要同丈夫商量一下，还是打发他走。于是他说：“这很好，我到晚上再来，可以吗？”主妇拖延着不置可否。于是，齐德勒先生提出：

"让我问您一个问题，什么时候您丈夫带食品回家?"她反问："你这是什么意思? 他根本不带食品回来。"齐德勒问道："那谁买呢?"她说："我买。"齐德勒问："您经常买吗?"她说："当然。"齐德勒说："食品很贵吧? 一星期的食品将花费您 20 元或 25 元，是吗?"她说："什么 20 元或 25 元，应当是 120 元或 125 元! 你大概从来没买过食品吧?"齐德勒说："是的，让我作保守一点的计算，您每星期花费在食品上最少 100 元，可以吗?"她说："可以。"接着，齐德勒拿出一个笔记本，"夫人，您每周花费 100 元买食品，一年以 50 周算，那将花费 5 000 元（齐德勒边说边在本上写下 100×50）。您刚才告诉我，您已结婚 20 年了，这 20 年来，每年 5 000 元，共花费了 10 万元（写下），这是您丈夫信任您让您买的。您总不会每次都把食品给他看吧!"她听后笑了。齐德勒说："夫人，您丈夫既然信任让您用 10 万元钱买食品，他肯定会让您再花 400 元买烹调器，以便更好、更省地烹调下一个 10 万元的食品吧?"就这样，齐德勒说服了该主妇，成功地卖出了一套烹调器。

问题：

1. 齐德勒遇到的是哪种异议?
2. 在该案例中，处理顾客异议时，运用了哪些方法?
3. 你还能想到哪些异议处理的方法可以运用在该案例中?

学习情境六　达成交易

知识、能力框图

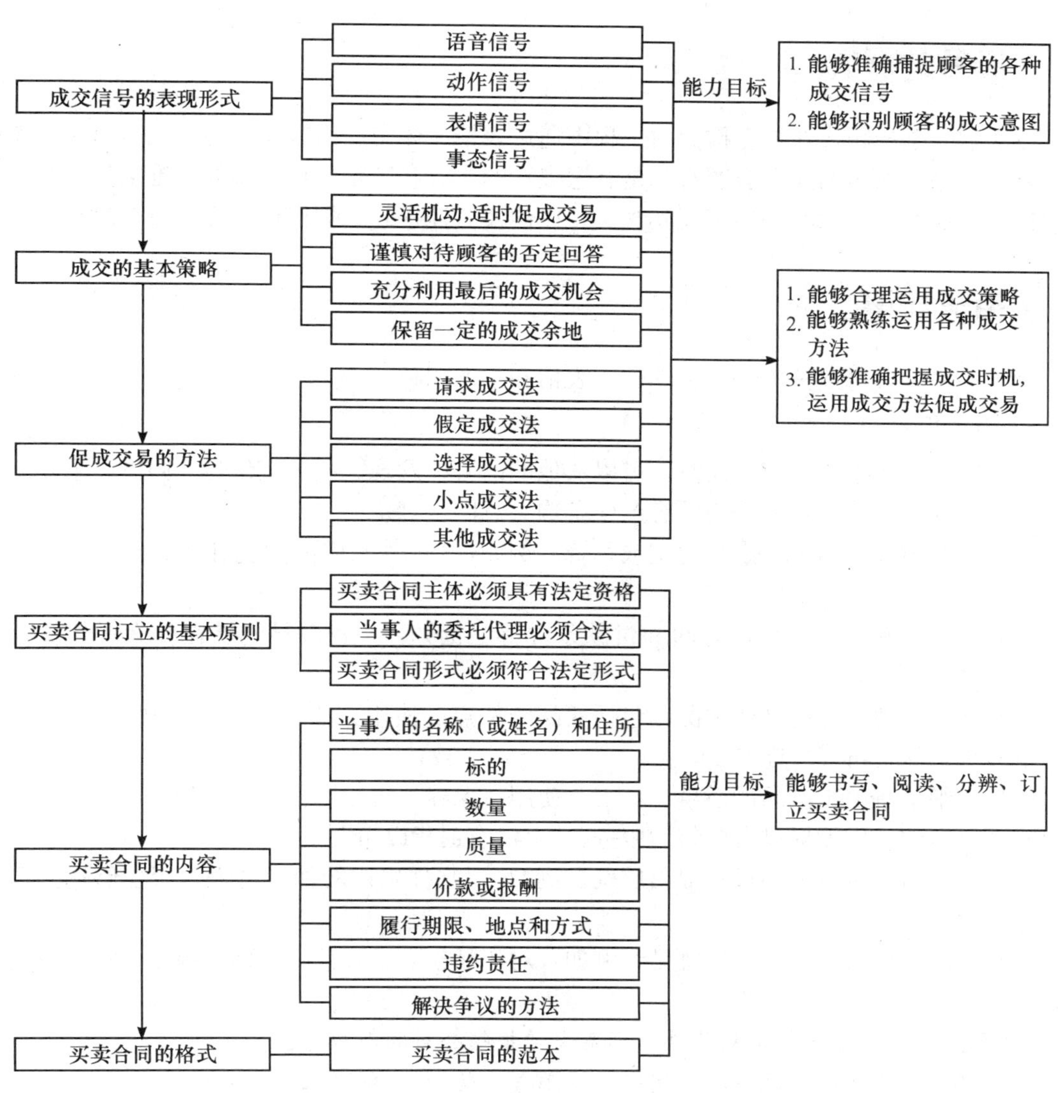

任务1 识别成交信号

任务引入

李乐是南京天宇百货商厦家电部微波炉柜台的推销员，每天要接待不同的顾客，回答不同的问题。工作期间，李乐认真观察顾客的举动，细心揣摩顾客购买时的心理活动，他觉得困难最大的地方在于如何识别和捕捉各种成交信号，从而顺利促成交易。

任务分析

成交信号是指顾客在接受推销的过程中通过表情、体态、语言及行为等流露出来的各种购买意图信息。顾客的成交意图有些是有意表示的，有些则是无意流露的，推销员必须了解和解读顾客成交信号的种种表现及其含义，以便及时捕捉它，把握住成交的黄金时机。

相关知识

成交信号大致可以分为语言、动作、表情和事态四种。

1. 语言信号

当顾客有购买推销品的意向时，可以从他的语言中发现一些成交信号。归纳一下，如果出现下列任何一种情况，就表明顾客产生了购买意图。

（1）顾客对商品给予一定的肯定或称赞。例如，“这件衣服的颜色和款式都不错，非常适合我这个年龄段”。

（2）询问交易方式、交货时间和付款条件等。例如，“我最早能够在什么时候拿到商品”。

（3）详细了解商品的具体情况，包括商品的特点、使用方法、价格等。例如，“这个衣柜定价多少？能否再降价呢?”

（4）详细了解关于产品的质量、加工、使用、保养、售后服务事项（如安装、维修、退换等)。例如，“你们能提供哪些售后服务”“有没有退货政策”。

（5）对产品质量及加工过程提出质疑。例如，“这种牛奶的加工过程是否能够达到质量检验标准”。

（6）对产品提出一些建设性意见。例如，对产品包装、颜色、规格等提出具体的意见和建议。

【案例】 小张是除草机销售员，到某大学推销公司的新机器。

大学办公室主任看完产品后，觉得比较满意，就说：“留下来用几天吧。”

这个要求超出了小张的权限范围，再说用几天是多长时间，用着不好又不买的话，怎么办？小张想到这些，非常为难地拒绝了主任：“很抱歉，我们公司还没有这个先例。”

主任听了，笑了笑说：“是吗？那我们也没有不试用就购买的先例呀！”

【分析】　在上述案例中，顾客说“留下来用几天”就是个非常明显的语言信号，但是小张没有辨别出来，他生硬的拒绝，断送了一桩即将达成的交易。

2. 动作信号

推销人员也可以从观察顾客的动作来识别其是否具有购买意向。通常情况下，动作信号表现为以下几种情况：

（1）频频点头，并将身体朝销售人员倾斜，表示对销售员的介绍或者解释表示满意。

（2）顾客由开始时静静地倾听推销人员的讲解，转为动手操作产品。

（3）仔细触摸产品，或用手触摸订单；翻看产品介绍资料，如说明书等。

（4）动作由紧张变为放松。

（5）出现找笔、摸口袋等有签字倾向的动作。

（6）主动热情地将推销人员介绍给己方负责人或其他主管人员。

【案例】　再看上述除草机的案例。

小张不知道主任已经有了购买的打算，只想怎么让对方试用的问题。

小张：“要不，我向公司请示一下，但是，如果试用没问题，是不是就购买呢？”

主任：“算了，我知道请示是天下最麻烦的事情！”说着，主任直接让园艺师傅推着除草机修起了草坪。

小张这时还傻乎乎地以为主任要强行留下试用，急忙追了上去。

【分析】　在这个案例中，如果销售员脑筋不转弯，就很容易对购买信号视而不见。主任在知道不能留下试用的前提下，让园艺师傅使用机器，这就是明显的动作信号。

3. 表情信号

表情信号是指在推销过程中顾客的面部表情和体态表现出来的购买意向。具体表现在以下几个方面。

（1）眼睛转动由慢变快，眼睛发光，神采奕奕。

（2）紧锁的双眉舒展、分开，并上扬。

（3）由凝神沉思或托腮沉思变为脸部表现明朗轻松、活泼友好。

（4）表情由冷漠、怀疑、深沉变为自然、大方、随和、亲切。

（5）脸部表情变得很认真。

（6）随着说话者话题的改变而改变表情。

例如，一位保险推销员在给顾客讲述一个充满感情的、很有说服力的故事时，竟让对方忍不住双目含泪，该顾客的表情信号一览无余。再如，最初，一位顾客对于推销员的讲解表现得漠不关心、态度冷淡，但随着推销人员分析该产品的高性价比、时尚的款式和丰富的功能配置时，其注意力逐渐集中，面部表情也渐渐缓和起来。

4. 事态信号

事态信号是指在推销员与顾客接触的过程中，顾客对推销活动有关的事态发展变化所表示出来的一种购买信号。例如，顾客主动提出更换谈判场所；向推销人员介绍有关购买决策过程的其他角色人员；提出变更推销程序；顾客接受你的重复约见等。这些事态的发展都明显表现出顾客的成交意向。

顾客的语言、动作、表情以及事态变化等表明了顾客的想法。推销人员可以据此识别顾客的成交意向。因此，推销人员应能及时地发现、理解、利用顾客所表现出来的成交信号，提出成交要求，促成交易。

任务实施

一、分析顾客需求

在销售微波炉的过程中，李乐不断向有经验的推销人员，逐渐总结出了一些经验，即从顾客的外表和购买行为入手，分析顾客的需求。小李还根据工作中的经验体会，制作了顾客购买微波炉的动机及行为特点分析一览表（见表6—1—1）。

二、识别、判断顾客成交信号

李乐确定了针对不同消费者推荐不同产品的销售宗旨，并用心观察每一位光临顾客的年龄、性别、打扮、言谈、表情等特征，不漏过每个细节，迅速判断他们的身份、需求及购买动机，从而适时地对其进行对口产品介绍，并及时捕捉顾客的各种成交信号，识别顾客的成交意图，不失时机地促成双方的交易。

表6—1—1　　顾客购买微波炉的动机及行为特点分析一览表

购买动机类型	购买行为特点	购买者类型	适合推荐的微波炉款型
求名	此类顾客有崇尚名牌的心理，挑选微波炉时首先考虑品牌，对价格不太敏感	此类顾客经济实力较佳，社会地位较高，以中年人为主，也有档次较高的年轻人	名牌的中高档微波炉
求新	此类顾客追求新颖，会根据媒体的宣传和广告选择新颖时尚、功能先进的微波炉，对价格不太敏感	此类顾客年轻人居多，有一定的经济基础，穿着打扮较为时尚	功能款式新颖的中高档微波炉
求实	此类顾客比较理性，追求微波炉的实际使用功能，要求价格适中	此类顾客以上班族居多，不太追求时尚，中老年顾客也占一定比例，言谈中透露出实用主义	功能简单实用的中低档微波炉
求廉	此类顾客首先考虑微波炉的价格因素，对品牌及新颖功能不太关注	此类顾客经济条件有限，以打工者居多，部分节俭型的老年人也属其中，对价格极为敏感	操作简单、经济实惠型的低档微波炉
求美	此类顾客追求时尚，要求微波炉具有一定的装饰功能，能与家庭装修相配，关注微波炉的外观和色彩	此类顾客穿着较时尚，以年轻人居多，年轻女性顾客占有较大比例。他们关注产品外观，讲究品位	外观时尚、色彩亮丽的微波炉
求全	此类顾客综合考虑上述因素，要求微波炉物美价廉，功能、款式、价格全方位充分比较后才作决定	此类顾客挑选微波炉比较慎重，个性较稳重，通常以中年人居多。他们的关注点较全面，涉及产品各方面	性价比高的主流微波炉

例如，3月15日，来了一对穿着入时的年轻人（年龄、穿着），李乐从他们的亲昵状态（表现）迅速判断出这是一对要谈婚论嫁的情侣。他们来到微波炉专柜，转了一圈后，停下仔细观看其中黑色的一款（动作信号）。李乐走到他们面前说：“您俩真是好眼力，这款是最新推出的流行款式。”李乐的话语适时停了下来。年轻男子说：“1 380元，不便宜啊！”（语言信号）。李乐：“是不便宜！可以说还有点贵。但该产品同时具备光波、微波及蒸汽三种功能。”年轻女子叹道：“这么多功能！”（语言信号）。

见此状况，李乐开始热情地为他俩介绍其独有的功能和方便的操作方式。随着李乐的介绍，年轻女子开始用手抚摩微波炉的外壳，并触摸上面的开关（动作信号），脸上浮现出满意的笑容（表情信号）。这时年轻男子指着旁边另一个品牌的产品问：“那款也是老名牌了，怎么价格还比这款便宜200多呢？”（语言信号）。李乐说：“那个型号啊，过时了！差了好几个档次呢！”李乐拿了一份产品说明书递给那位先生，说：“您再对比看看为什么有200多元的差异。”看着看着，年轻男子的眉头舒展开了（表情信号），朝同行的女伴说：“哦，是因为这些原因哪！就这些便利的功能和高度的安全保障，贵200多元，值！”（语言信号）。年轻女子也笑着说：“是啊，有安全保障，我用起来会更安心的。要是有红色的就更好了！”（语言信号）。

李乐顺势说：“红色的有啊，红色是喜庆、幸福的颜色，最适合您这种年轻漂亮的女士使用。今天是消费者权益日，酬宾三天，三天内购买的话还赠送一把不锈钢水壶呢，要不我先给您留一台，您过两天来的话还可以享受这个活动。”这时年轻男子说：“我们今天是出来逛逛的，身边的钱也没带够，等明天我把钱备好了再来找你，你看呢？”（事态信号）。李乐脸带笑容把自己的名片递过去，说：“这是我的名片，您来的时候打我的手机，我好把货准备好，这两天生意太好了，这个型号的微波炉卖得很快，您事先约好的话就不会出现断货的情况了。”那位年轻男子接了名片点了下头说：“好的，到时提前打你手机。”（事态信号）。

李乐在销售微波炉的过程中，由于善于动脑筋，善于观察顾客的言行，捕捉到了各种成交信号，从而促成了多笔交易，被提拔为微波炉专柜的组长。

思考与练习

一、简答

1. 分析并简要说明李乐在销售微波炉的过程中成功的地方。

2. 李乐对另一品牌微波炉的评价是否合适？你会怎样来比较和说明？

二、案例分析

在一次推销洽谈中，顾客向推销人员暗示了她对产品的毛利率、交货时间及付款条件感兴趣。以下是他们之间的对话：

推销员：“张女士，您说过对我们较高的毛利率、快捷的交货时间及付款方式特别偏爱，对吧？”

张女士：“我想是的。”

推销员：“随着我们公司营销计划的实施，光顾你们商店的顾客就会增加，该商品的销售必将推动整个商店的整体销售额，大大超过平常的营业额。我建议您购买××（陈述产品和数量），我手里有些数据是这些产品近两个月内的市场需求量。我想，它们必将给您带来预期的利润。时间方面，下周一我们就可以交货。”

问题：

1. 在以上的案例中，推销员是如何激发顾客的购买兴趣的？
2. 在以上的案例中，推销员是如何捕捉成交信号的？

任务2　促成成交

任务引入

在轮岗过程中，李乐被调动到该商场的办公电器柜台，从事打印机、复印机、传真机等相关办公电器的销售工作。他善于识别和捕捉成交信号，但在促成顾客作出购买决定时还会遇到一些困难。他发现顾客虽然有了成交的意向，但与下决心购买仍有一段距离。李乐应该如何根据不同的情况，选择适当的成交方法，缩小这一段距离，提高成交的效率呢？

任务分析

成交是推销工作的根本目标。在推销工作的这个阶段，推销人员不仅要继续接近和说服顾客，而且要帮助顾客作出最后的购买决定，促成交易并完成一定的成交手续。如何实现成交目标取决于推销人员是否真正掌握并灵活运用成交的基本策略和技术。

相关知识

一、成交的基本策略

1. 灵活机动，适时促成交易

一个完整的推销过程，要经历寻找顾客、推销洽谈、处理顾客异议和成交等阶段，但并不是说每一次成交都必须逐一地经过这些阶段。这些不同的阶段是相互联系，相互影响，相互转化的。在任何一个阶段里，随时都可能达成交易。推销人员必须机动灵活地发现成交信号、把握成交时机、随时促成交易。

通常，下列三种情况可视为促成交易的好时机：第一，重大的推销障碍被有效处理之后；第二，重要的产品利益及其说明被顾客所接受之后；第三，顾客发出各种购买信号之时。

2. 谨慎对待顾客的否定回答

大量的推销实践和研究成果表明，一次性成交的成功率是很低的，而推销员的成交要求遭顾客拒绝的可能性却很高，甚至高达90%左右。但是，一次次成交的失败并不意味着整个推销工作的失败，推销人员应该查找顾客拒绝成交的原因，并运用一定的方法与技巧加以处理，以促成交易的最终实现。

3. 充分利用最后的成交机会

大量的推销实践和推销学研究成果表明，许多生意恰恰是在推销员与顾客即将告别的那一刻成交的。在推销员忙于收拾推销工具，重新包装产品样品，准备起身告辞时，顾客自觉或不自觉地减少了些许成交的心理压力，开始轻松愉快起来，开始对“可怜”的推销员产生了一点同情心，甚至会产生购买产品的念头。这时，推销员要善于察言观色，捕捉顾客心理活动的瞬间，抓住时机，充分利用这一最后的时机促成双方最终达成交易。在实际推销中，许多推销员往往忽视这一最后的成交时机，而使一些本该达成的交易失之交臂。

4. 把握推销提示的时机和效果

推销面谈时，推销人员应及时向顾客提示推销重点，展开重点推销，以吸引与说服顾客，但推销人员不应一开始就将交易条件和盘托出。因为，顾客从对推销活动产生注意，发生兴趣到下定决心购买推销品，需要一定的过程。如果推销人员在刚开始推销介绍时就口若悬河，不利于顾客逐步接受推销信息，也不利于最后的成交。所以，推销人员在推销介绍时要讲究方法与策略，把握好推销提示的时机与效果。

5. 保留一定的成交余地

即使某次的推销活动双方不能达成交易，推销人员也要为顾客留有一定的购买余地，以期望今后还有成交的机会。顾客的需求总是在不断变化的，今天不接受推销，并不意味着永远不接受。在一次不成功的推销之后，如果推销员能给顾客留下一张名片或产品目录，并真诚地对顾客说：“如果哪一天需要的话，请随时与我联系，很乐意为您服务，我会尽可能在一定的交易条件上给予您适当的优惠。”往往会发现这些回心转意的顾客给自己带来“柳暗花明”的惊喜。

总之，顾客的情绪、态度和成交的机会复杂多变，推销人员不应坐等顾客提出成交要求，而是要及时把握成交时机，讲究一定的策略，坚持一定的成交原则，并配合相应的成交技术和成交方法，促成交易。

二、促成交易的方法

促成交易的方法简称成交方法，是指推销人员用来促成顾客作出购买决定，最终促成顾客购买推销品的推销技术与技巧，常用的有：请求成交法、假定成交法、选择成交法、小点成交法和其他成交法。

1. 请求成交法

请求成交法也称直接成交法，是指在接到顾客购买信号后，用明确的语言向顾客直接提出购买建议，以求适时成交的方法，是最简单也是最常见的促成交易的一种方法。一般来说，销售人员和顾客在经过一番洽谈以后，就主要问题已经达成一致的看法，这时销售人员应抓住时机，主动向对方提出成交请求。例如，销售人员对顾客说：“既然没有什么问题，我看现在就把合同签了吧。”这种方法一般适用于销售人员对最后的成交很有把握，或顾客已有购买意图，但因某种原因而不便主动开口的情况。当然，若对方是非常熟悉的老主顾，也可采取这种方法。该方法运用的关键是要把握恰当的时机，注意运用语言技巧，让对方感到顺理成章，绝对不要流露出勉强的味道。

请求成交法的优缺点见表 6—2—1。

表 6—2—1　请求成交法的优缺点

优　点	缺　点	注意事项
①可以节省推销时间、有效地促成交易 ②可以充分利用各种有利的成交时机	①可能产生成交高压，破坏原本不错的推销气氛 ②可能会使顾客认为推销员有求于他，从而增加成交的困难度	①推销人员必须具备较强的观察能力，主动提出成交要求 ②推销人员能把握好成交的时机，并有正确的成交态度

2. 假定成交法

假定成交法也称假设成交法，即在还未确定成交、对方仍持有疑问时，销售人员就假定顾客已接受销售建议而直接要求其购买的一种策略。

例如，推销人员已将一部汽车开出去给顾客看过了，感到完成这笔交易的时机已经成熟，就可以进一步地推进购买进程，使顾客能真正地签下订单。可以这样对顾客说："杨先生，现在您只要花几分钟时间就可以将换取牌照与过户的手续办妥，再有半个钟头，您就可以把这部新车开走了。如果您现在要去办公事，那么就把这一切交给我们吧，我们一定可以在最短时间内把它办好。"这样一说，如果顾客根本没有决定要买，他自然会拒绝；但如果他觉得换取牌照和过户等手续相当麻烦而仍有所犹豫的话，那么这番话可以使他放心了，进而促成了交易。

这种方法最重要的是推动力，尽管顾客迟早总会下决心的，但如果没有这种推动力，他也许会慢一点，或者根本不想买了。这种方法适用于较为熟悉的老顾客或个性随和、依赖性强的顾客；而对于自我意识强、过于自信或自以为是的顾客，不宜采用此方法。

假定成交法的优缺点见表 6—2—2。

表 6—2—2　假定成交法的优缺点

优　点	缺　点	注意事项
①减轻顾客的心理压力，节约推销时间，提高推销效率 ②把顾客的成交信号直接转化为成交行动，促成交易的达成	①可能产生过高的成交压力，破坏成交气氛 ②不利于进一步处理有关的顾客异议 ③可能使推销人员丧失成交的主动权	①推销人员要密切注意各种成交信号，适时地使用假定成交法 ②推销人员必须具有很强的自信心 ③推销人员要善于创造融洽的成交气氛

3. 选择成交法

选择成交法是销售人员向顾客提供几种可供选择的购买方案来促成交易的方法。这种方法的前提是假定顾客已下决心购买，但还未确定购买哪一个，此时，销售人员可以提出几种选择，督促顾客下决心。

这种方法在现实生活中比较常见。例如，商场的一个柜台前正在甩卖T恤，一位顾客好奇地上前瞧瞧。一位销售人员上前招呼："怎么样？买一件吧！要黑色的、蓝色的、红色的，还是白色的?"这就是选择成交法。若顾客作出回答，就表示他已决定要购买商品了；如果他迟疑片刻而表示还未作最后决定，仍然可以运用新的方式继续销售工作。这种方法适用于顾客在产品属性上作选择的购买前提下，而不适用于顾客在买与不买之间作选择的购买前提下。

选择成交法的优缺点见表6—2—3。

表6—2—3　　选择成交法的优缺点

优　点	缺　点	注意事项
①既可以减轻顾客的心理压力，又使推销员有回旋的余地 ②成功地运用了选择提示的基本原理	①滥用的话，会使顾客产生成交高压，甚至使顾客失去购买信心，增加新的成交心理障碍 ②滥用的话，还可能浪费时间，降低推销效率，不利于推销活动的开展	①应针对顾客的购买动机和购买意向，先假定成交，后选择成交 ②应掌握成交主动权，积极促成交易 ③应主动当好顾客的购买参谋，帮助顾客作出正确的成交选择

4. 小点成交法

小点成交法又称局部成交法或次要问题成交法，是销售人员利用局部成交来促成整体成交的一种策略。一般来说，顾客在作出重大决策时往往存在较大的心理压力，因而也会比较慎重，迟迟不肯决定。而相对较小的成交问题，顾客作决策时心态往往比较轻松，容易下定决心。为了减轻顾客对待成交的心理压力，帮助顾客尽快下定决心，销售人员可以采取化整为零的方法，将整体性的全部决定变为分散性的逐个决定，先争得对方部分同意，让顾客逐个拿定主意；最后再综合整体，以促成购买决策的达成。

例如，推销人员对顾客说："张先生，我公司的产品质量您是认可的，您不用担心付款方面的问题。我方保证按照您的要求及时送货。至于付款时间，这个月或者下个月都可以。您看呢?"这位推销员先就付款时间（成交小点）与顾客达成协议，其目的就在于间接地促成交易。

小点成交法的优缺点见表6—2—4。

表6—2—4　　小点成交法的优缺点

优　点	缺　点	注意事项
①可以创造良好的成交气氛 ②有利于推销员主动尝试成交，始终掌握成交的主动权	①可能引起顾客的成交误会，产生成交纠纷 ②可能会拖延成交时间 ③可能会分散顾客的成交注意力，不利于突出推销品的主要优点，顾客会因次要问题纠缠不清，导致交易失败	①应针对顾客的购买动机，选择适当的成交小点 ②应避免直接提示顾客比较敏感的重大决策问题 ③必须认真处理顾客的异议

5. 其他成交法

以上四种是常见的促成交易的方法，此外，还有其他的一些方法。

（1）从众成交法。从众成交法又称排队成交法，是指销售人员利用大众购买行为促进顾客购买的方法。从众行为是一种普遍的社会现象，顾客在购买一件商品前，往往会询问销售人员买这种产品的人多不多。销售人员也往往利用人们的这种从众心理来敦促顾客下定购买决心。例如，一位服装店的销售人员在销售服装时说："您看这件衣服式样新颖美观，是今年最流行的款式，颜色也合适，您穿上一定很漂亮，我们昨天刚进了4套，今天就只剩下两套了。"

采用从众成交法，可以用一部分顾客去吸引另一部分顾客，从而有利于销售人员提高销售效率。由于产品已取得了一些顾客的认同，使销售人员的说辞更具有说服力，有利于顾客消除顾虑，增强购买信心。从众成交法主要适用于具有一定时尚程度的商品推销，且要求推销对象具有从众心理；而有些顾客喜欢标新立异，与众不同，若销售人员对这些顾客错误地使用了从众成交法，反而会引发顾客的逆反心理，拒绝购买。另外，如果销售人员所列举的"众"不恰当的话，非但无法说服顾客，反而会制造新的成交障碍，失去成交机会。

（2）异议成交法。异议成交法又称大点成交法，是指推销人员利用处理顾客异议的时机直接向顾客提出成交要求而促成交易的一种成交方法，它是请求成交法的实际应用和发展。例如，一位顾客说："我喜欢这件衣服，但我不想要红色的，想要黄色的。"当面对这种情况时，销售人员可以对顾客说："好的，如果您现在订购，我们可以向总部申请，给您调换黄色的……"

一般来说，只要推销人员能够成功地处理顾客的有关异议，就可以有效地促成交易。因为顾客成交的最大障碍是通过异议信号表现出来的，解决了异议，即消除了障碍，此时利用顾客相当满意的心理，直接请求成交，一般会有好的成交结果。

（3）保证成交法。保证成交法是指销售人员向顾客提供某种成交保证来促成交易的方法。顾客在考虑购买产品时，往往因害怕上当受骗而心存疑虑，甚至最后放弃购买。保证成交法就是由销售人员向顾客提供某种保证，以解除顾客的顾虑，增强其成交信心来促成交易。例如，一位顾客对购买价格不放心，总怕买亏了，迟迟不肯成交，销售人员提出："您放心，如果您发现别家的货更便宜，我们可以立即给您退货或补偿价格差。"

保证成交法通过提供保证使顾客没有后顾之忧，增强了购买信心，从而可以放心购买产品。另外，该方法在说服顾客、处理顾客异议方面也有不同寻常的效果。若销售人员能出示有关的销售证据，则更有利于增强成交说服力和感染力，促使顾客作出购买决策。使用保证成交法时，一方面，一定要针对顾客的顾虑提出保证，否则风马牛不相及，不但不能达到保证的目的，而且还容易使顾客产生反感；另一方面，一定要做到言而有信，为一时的利益而信口承诺，结果又无法实现，必将丧失销售信用，不利于与顾客发展长久的关系。

（4）优惠成交法。优惠成交法是指销售人员通过提供某种优惠条件来促成交易的方法。它利用了顾客在购买商品时希望获得更大利益的心理，实行让利销售，促成交易。例如，"先生，如果您现在就签字并采购产品，可以给您特别优待，再降价3%。"销售行业目前普遍采用的"买一赠一""送货上门"等优惠策略，也是这种方法的实例。

正确地使用优惠成交法，利用顾客的求利心理，可以吸引并招徕顾客，有利于创造良好的成交气氛。而且利用批量成交优惠条件，可以促成大批量交易，提高成交的效率。该方法尤其适用于销售某些滞销品，减轻库存压力，加快存货周转速度。但是，采取优惠成交法，通过给顾客让利来促成交易，必将导致销售成本上升。若没有把握好让利的尺度，还会减少销售收益。运用不当还会让顾客误以为优惠产品是次货而不予信任，从而丧失购买的信心，不利于促成交易。因此，推销人员应合理运用优惠条件，注意进行损益对比及销售预测。

（5）限期成交法。限期成交法又称最后机会成交法，是指销售人员通过限制购买期限从而敦促顾客购买的方法。如许多商店贴出“存货有限，欲购从速”“三周年店庆，降价三天”等广告，都是典型的限期成交法的实例。它是利用了顾客“机不可失，时不再来”的心理，来推动顾客购买商品的。

人们往往对各种各样的机会，特别是那些一去不复返的机会给予极大的关注，而且特别希望抓住这样的机会，因而采取限期成交法往往能制造出有利于成交的氛围，吸引顾客的注意力。而且，采取这种方法往往确实能给顾客带来实际的利益，因而比较受顾客的欢迎，能取得较好的效果。但是，限期成交法有可能使未在优惠期购买的顾客感到不满；还有些商店不断贴出“最后一天”的广告，使顾客感到上当受骗，从而丧失销售的信誉，如果限期过短，还会使顾客丧失购买信心而放弃尝试购买。

（6）饥饿成交法。饥饿成交法是通过让产品处于一种供不应求的状态来促成交易的方法。事实上，未必产品果真供不应求，只是在供求之间始终保持时间差（如几天的时间），用以敦促顾客作出购买决定。这种方法一般只适用于名优产品，只有这类产品才会使顾客耐心等待，一般产品是没有这种吸引力的。因此，在采用此方法时，首先要考虑产品条件如何；其次要把握好让顾客保持“饥饿”状态的时间，避免时间过长，使顾客“饥不择食”而去选购其他产品，这就违背了采用此法的初衷。

（7）欲擒故纵法。欲擒故纵法是指推销人员虽然想做成某笔交易，却装出满不在乎的样子，将自己的急切心情掩盖起来，似乎只是为了满足对方的需求而来洽谈的，使对方急于达成交易，主动让步，从而实现先“纵”后“擒”的目的。

在实际推销过程中，推销人员要抓住有利成交时机，看准成交信号，针对不同的推销对象，讲究成交策略，灵活运用各种方法，及时、有效地达成交易，以实现推销目标，创造辉煌业绩。

任务实施

李乐仔细分析和洞察顾客不同的购买动机和购买行为特点，一方面按照新、老顾客以及组织顾客、消费者等不同类型，选择合适的成交方法，灵活地促成交易；另一方面，积极利用店庆等有利的促销时机，扩大成交。

一、采用合适的成交方法吸引老顾客

针对老顾客，因相互之间打过交道，所以可以采用请求成交法、优惠成交法等直截了当的方法促成交易。李乐通过收集整理顾客的各种信息资料，掌握了一批重要老顾客的基本情况。所以，当日商场刚组织到一批新款的爱普生打印机时，李乐马上想到一个老顾客——大鹏广告公司的王经理曾抱怨过公司的几台激光打印机总出现问题，修了也用不了多长时间。李乐于是给王经理打了个电话，说道：“王经理，您好，近来生意可好啊？这次我们进了最新款的爱普生激光打印机，正适合您这样的广告公司使用，效果保证不错，老顾客嘛，价格

肯定比别人优惠。您看什么时候合适先给您送一台过去，用用看?”王经理说：“好啊，我正想换台打印机，你明天就送过来给我们看看吧。”

二、运用合适的成交方法开发组织顾客

对于要开发的新的组织顾客，因为以往没有密切的联系，所以可以将多种成交方法交叉使用，但应以顾客利益最大化为主，以便保证顾客满意度，保持长期关系。一次，李乐在老顾客的推荐下来到市税务局办公室推销纸张粉碎机，办公室主任听完推销介绍后，边摆弄这台机器，边自言自语道：“东西倒是很适用，只是办公室这些小青年，毛手毛脚的，只怕没用上几天就坏了。”李乐一听，马上接着说：“这样好了，明天我把货送到时，会把使用方法和注意事项给大家讲一下。这是我的名片，如果使用中出现故障，请随时与我联系，我们负责维修。主任，如果没有其他问题，我们就这么定下了。”办公室主任很快接受了这个条件。这里小李就综合使用了异议成交法、优惠成交法、假定成交法等，顺利促成了交易。

三、综合运用多种成交法开发消费者

对于要开发的新的消费者，其成交方法的选用同新的组织顾客基本相同。例如，一个中年人要为儿子买个与计算机相匹配的打印机，李乐了解其购买用途后，重点向他介绍了几款适合家庭使用的打印机，中年人似乎很感兴趣，也仔细研究了产品的说明书，但还没有具体表态想要哪个，有些拿不定主意。李乐适时地给他提供了建议：“您要是想选功能简单、实惠些的，那么这款惠普的就不错；要是需要打印效果再好些就可以考虑爱普生的那款。您看中了哪款呢?”中年人思考了下说：“就拿惠普的吧，明天能送货吗？价格还能优惠吗?”李乐回答道：“明天送货没问题，价格已是最优惠的了，您真心想买的话我可以给您会员价，我们会提供三年的保修期，随时上门给您提供各种技术服务，对于质量您就放心好了。”这里，小李综合使用了选择成交法、优惠成交法、保证成交法等，顺利促成了交易。

四、利用商场店庆十周年促成更多交易

4 月 18 日是该商场十周年店庆日，特别举行了多种欢庆及为期一周的让利消费促销活动，李乐所在的办公电器柜台的一些打印机、复印机等也参加了这次活动。李乐在柜台上方的醒目位置挂出了参加这次活动的办公电器的品牌、型号及让利的幅度。经过此处的消费者也纷纷止步观看，有不少消费者向李乐询问某品牌的具体让利情况。李乐抓住时机向他们介绍这次活动的详细内容，并强调这次活动是历年来少有的，特别是几款商品之前是从来不打折的，这次厂家也让了利（优惠成交法），而且幅度不少，此时购买确实很划算，优惠时间只有一周，此后就会恢复原价（限期成交法）。有不少消费者表示有购买的意向，有的还马上付了款。李乐还没有忘记把这个好消息通知老顾客，他根据以前有过购买记录的顾客名单以及曾来看过但还没有确定购买的顾客名单一一打电话和对方联系，在电话中说明了这次商场活动的目的和具体让利幅度，并强调只有一周的时间。一些顾客在电话里就表示很感兴趣，最近会来看看。

李乐在销售办公电器的过程中，灵活运用了多种成交方法，成功地留住了一批老顾客，又吸引、发展了大量的新顾客，销售业绩屡创新高。

思考与练习

一、简答

1. 综合评价李乐运用各种成交法的得失。

2. 李乐对老顾客、新顾客采用不同的成交法，对比后与其他同学讨论交流心得。

二、案例分析

推销员老黄带着小张前去拜访省委的一位姓郑的处长，推销计算机记事本，小张向郑处长详细地介绍商品后，拿出样品向他做了演示，郑处长很感兴趣地摆弄着计算机记事本，说："这东西很不错。这样，我现在还有一点事情，过几天我给你打电话。"

十分显然，这是顾客在委婉地拒绝。小张只好抱着万分之一的希望对处长说："那我等您的电话吧。"

老黄在旁边仔细地观察着这一幕，这时他站起来，走到郑处长的办公桌前，问道："郑处长，使用计算机记事本很方便，您说对吗?"

郑处长点点头说："是很方便，但我今天有点事情，改天再谈吧。"

老黄接着说："省计委的几位处长都买了这种记事本，他们都感到使用起来很方便，您要不信我可以给您看一下他们购买产品发票的底联，价格是公开的。"

郑处长马上问："是吗?"

老黄接着说："是的，而且这种产品目前是在试销，价格是优惠的，试销期以后，价格就会上涨10%，这么好的产品，您为什么不马上就买呢?"

郑处长沉思了一下，点点头说："好吧，我买一台。"

回到公司后，老黄对小张说："推销工作是一个以业绩定输赢、以成败论英雄的工作，推销员应该熟练地运用推销技巧，促使顾客下定购买的决心。"

问题：

1. 小张的行为有哪些不妥？

2. 老黄在推销活动中使用了什么推销技巧和方法？

任务3 订立买卖合同

任务引入

李乐因工作业绩突出，被提拔为该商城家电销售部负责人。转眼到了春季，正是空调等夏季产品开始进入旺销的季节。李乐代表南京天宇百货商厦与广州经天商贸公司进行了洽谈，该公司准备购进一批具有最新款式和功能的空调。面对大宗买卖的组织顾客，李乐应如何订立这份买卖合同呢?

任务分析

买卖合同是指出卖人转移标的物的所有权于买受人，买受人支付价款的合同。推销员与顾客订立买卖合同后，才算真正意义上的成交。具有法律效力。为保证买卖合同当事人的目标得以实现，企业获得较好的经济效益，就需要明确合同订立的原则。

李乐作为家电部销售负责人，既要熟悉家电行业的业务情况，具备一定的业务能力及素质，还应熟悉和掌握买卖合同的内容和基本格式，订立合同的原则，合同条款的审查方法，从而避免买卖合同中的漏洞和欺诈行为。

相关知识

一、买卖合同订立的基本原则

合同订立除了必须遵守合同法的基本原则外，还应遵循如下基本原则。

1. 买卖合同主体必须有法定资格

《合同法》第九条规定："订立合同的双方当事人，应当具有相应的民事权利和民事行为能力。"也就是说，当事人应当具有相应的主体资格。

2. 当事人的委托必须有法定资格

在现实生活中，有些当事人由于各种原因，往往需要委托代理人来订立合同。委托代理是指代理人根据被代理人的授权，在代理人与被代理人之间产生的代理关系。当事人委托代理必须依法进行。委托代理人订立买卖合同，包括委托授权和委托合同两种形式。如果授权委托书授权不明，被代理人应与代理人一起向第三人负连带法律责任。合同的代理，是指代理人在代理权限内，以被代理人的名义订立、变更、解除合同的活动，直接对被代理人产生权利和义务的一种法律行为。代订合同是当事人双方建立合同关系时经常采用的形式。代理行为必须符合法律的要求。

3. 买卖合同的形式必须符合法定形式

合同形式是指体现合同内容的明确当事人权利义务的方式，它是双方当事人意思表示一致的外在表现。订立合同的形式有书面形式、口头形式和其他形式。其中，书面形式合同有利于督促当事人全面认真履行合同，发生争议也便于分清责任和举证；口头形式的合同无文字为据，一旦发生争议难以举证，不易分清责任，以致当事人的合同法权益得不到保护；其他形式，即法律没有禁止的形式。

二、买卖合同的内容

1. 当事人的名称（或姓名）和住所

签订合同时，自然人要写上自己的姓名，法人和其他组织要写上单位的名称，还要写上各自的住所。

2. 标的

标的是指合同当事人权利和义务共同指向的对象。标的是订立合同的目的和前提，也是一切合同都不可缺少的重要内容。

3. 数量

数量是确定合同当事人权利义务大小的尺度。订立合同必须有明确的数量规定，没有数量，合同是无法履行生效的。合同数量规定要准确、具体。

4. 质量

质量是标的物的具体特征，也就是标的内在素质和外观形态的综合，是满足人的需要或生产的属性，如产品的品种、型号、规格和工程项目的标准等。质量条款由双方当事人约定，必须符合国家有关规定和标准化的要求。

5. 价款或报酬

价款或报酬，简称价金，是指作为买受人的一方向交付标的的一方支付的货币，它是有偿合同的主要条款，如买卖商品的货款、财产租赁的租金、借款利息等。

6. 履行期限、 地点和方式

履行期限是合同履行义务的时间界限，是确定合同是否按时履行或延迟履行的标准，是一方当事人要求对方履行义务的时间依据。履行地点是当事人按合同规定履行义务的地方，即在什么地方交付或提取标的。履行方式是指当事人交付标的的方式，即以什么方式或方法来完成合同规定的义务。

7. 违约责任

违约责任是指当事人一方或双方，出现拒绝履行、不适当履行或者不完全履行等违约行为后，对过错方追究的责任。违约责任的具体条款，当事人可以依据合同法在合同中进一步约定。

8. 解决争议的方法

我国目前有四种解决合同争议的方法：一是当事人自行协商解决；二是请求有关部门主持调解；三是请求仲裁机关仲裁；四是向人民法院提出诉讼。合同当事人可以在合同上写明可以采取何种解决争议的方法。

除此之外，合同中还包括包装方式、检验标准和方法等条款。

三、买卖合同的格式

产品买卖合同是每个企业或经营商户经常接触到的，这里以工矿产品买卖合同为范本来介绍买卖合同的格式。

工矿产品买卖合同范本

订立合同双方：

购货单位：____________________，以下简称甲方；

供货单位：____________________，以下简称乙方。

经甲乙双方充分协商，特订立本合同，以便共同遵守。

第一条 产品的名称、品种、规格和质量

1. 产品的名称、品种、规格：____________________。（应注明产品的牌号或商标）

2. 产品的技术标准（包括质量要求），按下列第（　　）项执行：

（1）按国家标准执行；

（2）按部颁标准执行；

（3）由甲乙双方商定技术要求执行。

（在合同中必须写明执行的标准代号、编号和标准名称。对成套产品，合同中要明确规定附件的质量要求；对某些必须安装运转后才能发现内在质量缺陷的产品，除主管部门另有规定外，合同中应具体规定提出质量异议的条件和时间；实行抽样检验质量的产品，合同中应注明采用的抽样标准或抽验方法和比例；在商定技术条件后需要封存样品的，应当由当事人双方共同封存，分别保管，作为检验的依据。）

第二条 产品的数量、计量单位和计量方法

1. 产品的数量：________。

2. 计量单位和计量方法：________。

（国家或主管部门有计量方法规定的，按国家或主管部门的规定执行；国家或主管部门无规定的，由甲乙双方商定。对机电设备，必要时应当在合同中明确规定随主机的辅机、附件、配套的产品、易损耗备品、配件和安装修理工具等。对成套供应的产品，应当明确成套供应的范围，并提出成套供应清单。）

3. 产品交货数量的正负尾差、合理磅差和在途自然减（增）量规定及计算方法：____。

第三条 产品的包装标准和包装物的供应与回收

（产品的包装，国家或业务主管部门有技术规定的，按技术规定执行；国家与业务主管部门无技术规定的，由甲乙双方商定。产品的包装物，除国家规定由甲方供应的以外，应由乙方负责供应。可以多次使用的包装物，应按有关主管部门制定的包装物回收方法执行；有关主管部门无规定的，由甲乙双方商定包装物回收办法，作为合同附件。产品的包装费用，除国家另有规定者外，不得向甲方另外收取。如果甲方有特殊要求的，双方应当在合同中商定，其包装费超过原定标准的，超过部分由甲方负担；其包装费低于原定标准的，相应降低产品价格。）

第四条 产品的交货单位、交货方法、运输方式、到货地点（包括专用线、码头）

1. 产品的交货单位：____________________。

2. 交货方法，按下列第（　　）项执行：

（1）乙方送货；

（2）乙方代运（乙方代办运输，应充分考虑甲方的要求，商定合理的运输路线和运输工具）；

（3）甲方自提自运。

3. 运输方式：________。

4. 到货地点和接货单位（或接货人）：________。

[甲方如要求变更到货地点或接货人，应在合同规定的交货期限（月份或季度）前40天通知乙方，以便乙方编月度要车（船）计划；必须由甲方派人押送的，应在合同中明确规定；甲乙双方对产品的运输和装卸，应按有关规定与运输部门办理交换手续，做出记录，双方签字，明确甲、乙方和运输部门的责任。]

第五条　产品的交（提）货期限

（规定送货或代运的产品的交货日期，以甲方发运产品时承运部门签发的戳记日期为准，当事人另有约定者，从约定；合同规定甲方自提产品的交货日期，以乙方按合同规定通知的提货日期为准。乙方的提货通知中，应给予甲方必要的途中时间，实际交货或提货日期早于或迟于合同规定的日期，应视为提前或逾期交货或提货。）

第六条　产品的价格与货款的结算

1. 产品的价格，按下列第（　　）项执行：

（1）按照甲乙双方的商定价格；

（2）按照订立合同时履行地的市场价格；

（3）按照国家定价履行。

（执行国家定价的，在合同规定的交货或提货期内，遇国家调整价格时，按交货时的价格执行。逾期交货的，遇价格上涨时，按原价执行；遇价格下降时，按新价执行。逾期提货或逾期付款的，遇价格上涨时，按新价格执行；遇价格下降时，按原价执行。由于逾期付款而发生调整价格的差价，由甲乙双方另行结算，不在原托收结算金额中冲抵。执行浮动价和协商定价的，按合同规定的价格执行。）

2. 产品货款的结算：产品的货款、实际支付的运杂费和其他费用的结算，按照中国人民银行结算办法的规定办理。

（用托收承付方式结算的，合同中应注明验单付款或验货付款。验货付款的承付期限一般为10天，从运输部门向收货单位发出提货通知的次日起算。凡当事人在合同中约定缩短或延长验货期限的，应当在托收凭证上写明，银行从其规定。）

第七条　验收方法

（合同应明确规定：1. 验收时间；2. 验收手段；3. 验收标准；4. 由谁负责验收和试验；5. 在验收中发生纠纷后，由哪一级主管产品质量监督检查机构执行仲裁等。）

第八条　对产品提出异议的时间和办法

1. 甲方在验收中，如果发现产品的品种、型号、规格、花色和质量不合规定，应一面妥为保管，一面在30天内向乙方提出书面异议；在托收承付期内，甲方有权拒付不符合合同规定部分的货款。甲方怠于通知或者自标的物收到之日起过两年内未通知乙方的，视为产品合乎规定。

2. 甲方因使用、保管、保养不善等造成产品质量下降的，不得提出异议。

3. 乙方在接到需方书面异议后，应在10天内（另有规定或当事人另行商定期限者除外）负责处理，否则，即视为默认甲方提出的异议和处理意见。

（甲方提出的书面异议中，应说明合同号、运单号、车或船号、发货和到货日期；说明不符合规定的产品名称、型号、规格、花色、标志、牌号、批号、合格证或质量保证书号、数量、包装、检验方法、检验情况和检验证明；提出不符合规定的产品的处理意见，以及当事人双方商定的必须说明的事项。）

第九条 乙方的违约责任

1. 乙方不能交货的，应向甲方偿付不能交货部分货款的________%的违约金。（通用产品的幅度为1%～5%，专用产品的幅度为10%～30%）

2. 乙方所交产品品种、型号、规格、花色、质量不符合规定的，如果甲方同意利用，应当按质论价；如果甲方不能利用的，应根据产品的具体情况，由乙方负责包换或包修，并承担修理、调换或退货而支付的实际费用。乙方不能修理或者不能调换的，按不能交货处理。

3. 乙方因产品包装不符合合同规定，必须返修或重新包装的，乙方应负责返修或重新包装，并承担支付的费用。甲方不要求返修或重新包装而要求赔偿损失的，乙方应当偿付甲方该不合格包装物低于合格包装物的价值部分。因包装不符合规定造成货物损坏或灭失的，乙方应当负责赔偿。

4. 乙方逾期交货的，应比照中国人民银行有关延期付款的规定，按逾期交货部分货款计算，向甲方偿付逾期交货的违约金，并承担甲方因此所受的损失费用。

5. 乙方提前交货的产品、多交的产品的品种、型号、规格、花色、质量不符合规定的产品，甲方在代保管期内实际支付的保管、保养等费用以及非因甲方保管不善而发生的损失，应当由乙方承担。

6. 产品错发到货地点或接货人的，乙方除应负责运交合同规定的到货地点或接货人外，还应承担甲方因此多支付的一切实际费用和逾期交货的违约金。乙方未经甲方同意，单方面改变运输路线和运输工具的，应当承担由此增加的费用。

7. 乙方提前交货的，甲方接货后，仍可按合同规定的交货时间付款；合同规定自提的，甲方可拒绝提货。乙方逾期交货的，乙方应在发货前与甲方协商，甲方仍需要的，乙方应照数补交，并负逾期交货责任；甲方不再需要的，应当在接到乙方通知后15天内通知乙方，办理解除合同手续。逾期不答复的，视为同意发货。

第十条 甲方的违约责任

1. 甲方中途退货，应向乙方偿付退货部分货款________%的违约金。（通用产品的幅度为1%～5%，专用产品的幅度为10%～30%）

（违约金视为违约的损失赔偿，但约定的违约金过分高于或者低于造成的损失的，当事人可以请求人民法院或者仲裁机构予以适当减少或者增加。）

2. 甲方未按合同规定的时间和要求提供应交的技术资料或包装物的，除交货日期得顺延外，应比照中国人民银行有关延期付款的规定，按顺延交货部分货款计算，向乙方偿付顺延交货的违约金；如果不能提供的，按中途退货处理。

3. 甲方自提产品未按供方通知的日期或合同规定的日期提货的，应比照中国人民银行有关延期付款的规定，按逾期提货部分货款总值计算，向乙方偿付逾期提货的违约金，并承担乙方实际支付的代为保管、保养的费用。

4. 甲方逾期付款的，应按中国人民银行有关延期付款的规定向乙方偿付逾期付款的违约金。

5. 甲方违反合同规定拒绝接货的，应当承担由此造成的损失和运输部门的罚款。

6. 甲方如错填到货的地点或接货人，或对乙方提出错误异议，应承担乙方因此所受的损失。

第十一条 不可抗力

甲乙双方的任何一方由于不可抗力的原因不能履行合同时，应及时向对方通报不能履行或不能完全履行的理由，以减轻可能给对方造成的损失，在取得有关机构证明以后，允许延期履行、部分履行或者不履行合同，并根据情况可部分或全部免予承担违约责任。

第十二条 其他

按本合同规定应该偿付的违约金、赔偿金、保管保养费和各种经济损失的，应当在明确责任后10天内，按银行规定的结算办法付清，否则按逾期付款处理。但任何一方不得自行扣发货物或扣付货款来充抵。

本合同如发生纠纷，当事人双方应当及时协商解决，协商不成时，任何一方均可请业务主管机关调解或者向仲裁委员会申请仲裁，也可以直接向人民法院起诉。

本合同自________年____月____日起生效，合同执行期内，甲乙双方均不得随意变更或解除合同。合同如有未尽事宜，须经双方共同协商，作出补充规定，补充规定与合同具有同等效力。本合同正本一式两份，甲乙双方各执一份；合同副本一式________份，分送甲乙双方的主管部门、银行（如经公证或签证，应送公证或签证机关）等单位各留存一份。

购货单位（甲方）：________（盖章）	供货单位（乙方）：________（盖章）
法定代表人：____________（盖章）	法定代表人：____________（盖章）
委托代理人：	委托代理人：
地　　址：____________________	地　　址：____________________
开户银行：____________________	开户银行：____________________
账　　号：____________________	账　　号：____________________
电　　话：____________________	电　　话：____________________

________年____月____日订

任务实施

李乐在订立买卖合同前了解和熟悉了《合同法》中关于买卖合同的相关规定，掌握了买卖合同范本的格式和内容，并认真审查了对方的主体身份和履约能力，在订立合同时仔细推敲合同措辞，不断完善和加强自我保护意识和技能。

李乐代表南京天宇百货商厦与广州经天商贸公司进行了洽谈，双方达成了一致意见，于4月25日签订了一份购买100台高科 KFR-22GW/HA 型号空调的合同。约定每台空调价格为2 800元，共计28万元，广州经天商贸公司先支付订金2万元，并在5月15日收货、验货后10日内付清26万余款。合同的具体内容如下。

空调购销合同

需方（甲方）：广州经天商贸公司

供方（乙方）：南京天宇百货商厦

供需双方本着平等互利、协商一致的原则，签订本合同，以资双方信守执行。

一、产品名称、商标、型号、单位、数量、金额

产品名称	牌号商标	规格型号	计量单位	数量	单价（元/台）	金额（元）	备注
空调	高科	KFR-22GW/HA	台	100	2 800	280 000	
货款共计人民币：贰拾捌万元整							

二、质量要求和技术标准

按国家规定的质量技术标准执行。

三、履行地

供方所在地南京市。

四、交货方式

供方从南京办理托运到广州。

五、交货时间

供方必须在5月15日前办好托运空调的手续，以承运部门签发的戳记日期为准。

六、运输方式及到达站（港）的费用负担

铁路运输，费用由供方承担。

七、包装标准和费用负担

按国家规定的技术标准执行，供方要确保包装能符合运输的要求，费用由供方承担。

八、验收方式及提出异议期限

需方在收到空调后自行验收，需方在验收中，如果发现产品的品种、型号、规格、花色和质量不合规定，应一面妥为保管，一面在30天内向供方提出书面异议；在托收承付期内，需方有权拒付不符合合同规定部分的货款；需方怠于通知或者自标的物收到之日起过两年内未通知供方的，视为产品合乎规定。

九、付款方式

需方在签订合同当日支付贰万元定金，余下货款用托收承付方式结算，需方在验货后的10天内付清余款贰拾陆万元，以运输部门向需方发出提货通知的次日起算。

十、违约责任

1. 需方延付货款或付款后供方无货，使对方造成损失，应偿付对方此批货款总价1%的违约金。

2. 供方如提前或延期交货或交货不足数量者，供方应偿付需方此批货款总值1%的违约金。需方如不按交货期限收货或拒收合格商品，也应偿付供方此批货款总值1%的违约金。任意一方如提出增减合同数量，变动交货时间，应提前通知对方，征得同意，否则应承担经济责任。

3. 供方所发货品有不合规格、质量等情况，需方有权拒绝付款，但须先行办理收货手续，并代为保管和立即通知供方，因此所发生的一切费用损失，由供方负责，如经供方要求代为处理，并须负责迅速处理，以免造成更大损失，其处理方法由双方协商决定。

4. 约定的违约定金，视为违约的损失赔偿。需方违约不履行合同的，定金不得向供方要回。供方违约不履行合同的，需把定金双倍返还给需方。

十一、当事人一方因不可抗力不能履行合同时，应当及时通知对方，并在合理期限内提供有关机构出具的证明，可以全部或部分免除该方当事人的责任。

十二、本合同在执行中发生纠纷，签订合同双方不能协商解决时，可向人民法院提出诉讼。

十三、本合同自 2012 年 4 月 25 日起生效，合同执行期内，甲乙双方均不得随意变更或解除合同。合同如有未尽事宜，须经双方共同协商，作出补充规定，补充规定与合同具有同等效力。本合同正本一式两份，甲乙双方各执一份；合同副本一式四份，分送甲乙双方的主管部门、银行（如经公证或签证，应送公证或签证机关）等单位各留存一份。

需　　方：广州经天商贸公司（盖章）　　供　　方：南京天宇百货商厦（盖章）
法定代表人：王洪（盖章）　　法定代表人：李乐（盖章）
开 户 银 行：建行复兴路支行　　开 户 银 行：建行中山路支行
账　　号：5120025641001662257　　账　　号：5120012213001000381

2012 年 4 月 25 日

思考与练习

一、简答

1. 李乐签订合同时为何要把“订金”改成“定金”，两者有何区别？

2. 经过这次合同的签订，请大家讨论买卖合同都包括哪些内容？签订买卖合同时要注意哪些问题？

二、情境模拟

主题：订立买卖合同

要求：掌握买卖合同的基本格式及主要内容，根据下面的情境描述，订立买卖合同。

情境描述：2012 年 8 月，济南某商场与某经贸公司签订了价值 900 万元的空调买卖合同。合同约定：商场从经贸公司购买空调 2 000 台，总价款 900 万元，合同签订后三日内商场应当向经贸公司支付首期货款 300 万元；经贸公司应于 2012 年 9 月前将 2 000 台空调送至该商场；货到后五日内，商场付清全部货款。

流程：

1. 认真阅读情境描述，了解当事双方的基本情况。
2. 以小组为单位，根据教材中的示范合同，为上述买卖双方签订一份合同。
3. 学生对签订的买卖合同进行评价，找出其中的不足之处。
4. 老师对学生起草的合同打分并进行总结点评。

学习情境七　售后管理

知识、能力框图

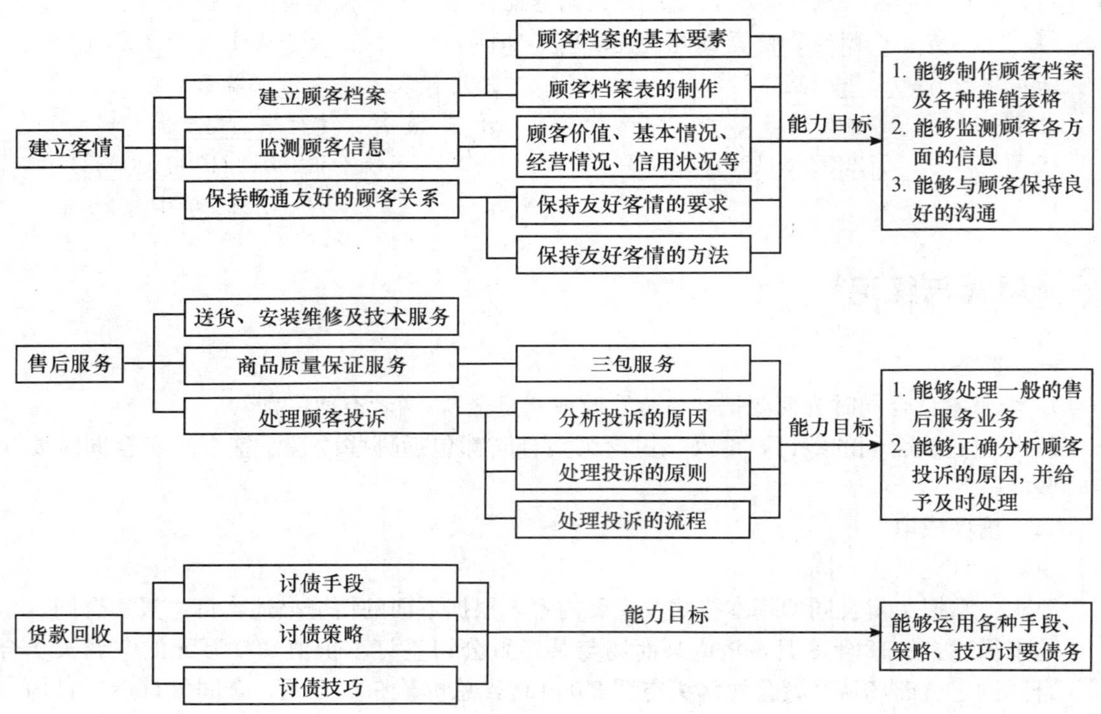

任务1　建立客情

任务引入

甄苗是主营化工原料的星光公司的一名销售员。目前被公司派往销售运作有问题的福建漳州地区。甄苗仔细研究了前任销售员留下的本地组织顾客资料，发现了几个问题：第一，资料比较零散，没有经过整理、分类，更没有编目、造册；第二，顾客的基础资料不完整，顾客经营情况、顾客高管层变化情况、顾客财务及信用调查等关键信息缺失；第三，对顾客情况没有连续的监测记录，难以评估顾客价值。他走访了几家组织顾客后还得到一个信息，前任销售人员没有很好地与这些顾客保持畅通的联系，客情建立、维护情况堪忧。甄苗该如何建立客情才能顺利开展漳州地区的业务呢？（本任务以组织顾客为主）

任务分析

甄苗针对现实情况，必须重新审视并作出补救方案。第一步，建立健全的顾客档案；第二步，监测顾客信息，对顾客价值进行评估，明确顾客的信用状况、经营状况等；第三步，保持与顾客畅通友好的关系，争取在较短时间内让顾客得到更加便利、人性化和个性化的服务。

相关知识

一、建立顾客档案

顾客档案是反映顾客情况的基础性文件。建立顾客档案就是将收集到的顾客信息资料，采用一定形式，经过整理、分类、编目、造册，进行集中存放管理，以备查阅。

1. 顾客档案的基本要素

顾客档案的基本要素一般包括以下四项。

（1）顾客基础资料。顾客基础资料是指顾客最基本的原始资料，是顾客档案管理的起点和基础。在档案管理系统中，大多以建立顾客档案表、顾客管理卡或 CRM 管理软件的形式出现。

顾客基础资料主要包括顾客的名称、地址、电话；所有者、经营管理者、法人代表，以及他们的个人性格、嗜好、家庭、学历、年龄、能力等方面；创业时间、与本公司交易时间、企业组织形式、业种、资产等。

（2）顾客特征。主要包括服务区域、销售能力、发展潜力、经营观念、经营方向与政策、企业规模（职工人数、销售额等）、经营管理特点等。

（3）业务状况。主要包括目前及以往的销售实绩、经营管理者和业务人员的素质、与其他竞争公司的关系、与本公司的业务联系及合作态度等。

（4）交易活动现状。主要包括顾客的销售活动状况、存在的问题、保持的优势、未来的对策；企业信誉与形象、信用状况、交易条件、以往出现的信用问题等。

2. 顾客档案表的制作

顾客档案表的形式可参照表 7—1—1。

表 7—1—1　　顾客档案表

____年____月____日

顾客		地址			电话		代码	
一、经营者概况								
姓名		性别		年龄		籍贯		住址	
学历		语言		性情		品行		社会关系	
配偶影响程度			其他职位		曾前科否			曾倒闭否	

以往信誉：

法人代表：	实权者：	与经营者的关系：

二、经营状况

往来银行	账号	记事	兑现情况

资金状况：　□丰裕　□充足　□紧张　□短缺　□危险

三、付款情况

付款态度：　□爽快　□普通　□尚可　□迟延　□为难　□欠缺

四、财务状况

①资金运用（资产）			②资金来源（负债及资本）		
流动	现　金		负债	短期借款	
	银行存款			应付票据	
	应收票据			应付账款	
	应收账款			其他应付款	
	存　货			长期负债	
固定及其他	固定资产		资本	实收资本	
	无形资产			盈余公积	
	长期投资			未分配利润	
	其他长期资产				
合计			合计		
③财务背景			④登记资本		
⑤每月经费	摊销费月		⑥每月实际收入	毛　利	
	管理费用			净　利	
	其他费用			奖　金	
	合　计			净　额	

续表

五、经营情况					
经营方针	①积极　②保守　③坚实　④平常　⑤零乱　⑥投机				
业务状况	①兴隆　②渐盛　③常态　④衰退　⑤危险				
营业种类					
进货对象	①____品牌占__%　②____品牌占__%　③____品牌占__%　④其他占__%				
销售种类	①门市__%　②机关__%　③批发__%　④其他__%				
销售范围	①本地　②其他				
销售价格	①合理　②略低　③略高　④削价				
营业性质	①专营　②兼营				
每月平均销售实绩					
每月平均销售力					
最高月额	进货		最低月额	进货	
	销售			销售	
	存货			存货	

六、基本情况				
组　织	①独资　②合资　③股份公司			
门市面积	①大　②中　③小			
开业时间	____年____月____日			
门市布置	①好　②普通　③可以　④不好			
仓　库	①大　②中　③小　④无			
退货习惯	①无　②合理　③正常　④不正常			
财务管理	①佳　②一般　③劣　④无			
存货管理	①佳　②可以　③一般　④劣			
店　铺	①自有，市价____　②租用，租金____			
店　址	①闹市区　②商店街　③住宅街　④工矿区　⑤郊区			
车　辆	①轿车　②大卡车　③三轮车　④摩托车			
同行业地位	①领导者　②具影响力　③一流　④二流　⑤三流			
员工情况	店员____名	推销员____名	修理员____名	临时工____名
对名牌认识程度	①了解　②略知　③熟知　④不知　⑤颇感兴趣			

续表

最近半年来实绩变化： 以往每月平均实绩：	现况		预测	

与其他厂家的特殊关系：

七、保全关系

担保品	名称	所有者	记事	登记价格	实际价格	抵押手续

店保	商号	资本额	营业执照号	店址	负责人	身份证	担保手续

个人保	姓名	身份证号	住址	记事	担保手续

经销合约	

八、资信机构提供资料

九、结论

最高信用程度：

十、调查或填表者

1	2	3	4	5	6	7	8	9	10

十一、确认者

董事长		总经理		业务经理		业务主管		部门经理	

二、监测顾客信息

1. 监测顾客价值

顾客价值即顾客对企业的价值贡献度。在传统的营销模式中，顾客价值等同于销售额，而在今天，顾客的价值既包括销售额，还包括其对需求的贡献。由于不同的顾客在潜在购买力、信用等级、利润贡献等方面是不一样的，因此，企业必须对顾客进行动态的价值监测与分析。

2. 监测顾客基本情况

顾客的基本情况如果发生变化，可能会影响到其购买情况，所以推销人员必须监测顾客的基本情况。在监测活动中，按照表 7—1—1 中“六、基本情况”的内容进行操作。

3. 监测顾客经营情况

顾客的经营情况包括经营方针、业务状况、营业种类、进货对象、营业性质等内容（见表 7—1—1 中“五、经营情况”），这些内容对于推销人员而言是很重要的，它直接关系到顾客的财务、资信及顾客价值。通过监测顾客的经营情况，可以分析得出顾客的购买需求及购买决策，利于展开推销工作。

4. 监测经营者的变化情况

法人、高层管理人员等经营者对企业的发展战略、经营方针拥有决策权，直接关系到企业的兴衰存亡。推销人员监测经营者个人情况及变更情况，有利于准确、快捷地作出判断，有针对性地开展推销工作。

5. 监测顾客财务状况

财务状况是企业生产经营活动的成果在财务方面的反映，也是企业在一定期间内经济活动过程及其结果的综合反映。推销人员通过监测顾客的财务状况，可以分析出顾客的生产经营情况是否正常平稳，资金周转是否正常，是否具备良好的支付力，这些内容对于开展推销工作及回收货款都是至关重要的。

6. 监测顾客信用状况

顾客信用状况直接关系到交易效益和交易安全，推销人员在推销工作中，必须对顾客的信用状况进行全面调查、深入监测，根据监测结果，对顾客实施对应的信用管理。表 7—1—2 是顾客信用调查表的基本形式，表 7—1—3 是顾客信用监测的主要内容。

表 7—1—2　　　　顾客信用调查表

<table>
<tr><td>公司名称</td><td colspan="2"></td><td>地 址</td><td></td><td>电 话</td><td></td></tr>
<tr><td>负责人</td><td colspan="2"></td><td>住 所</td><td></td><td>电 话</td><td></td></tr>
<tr><td>创业日期</td><td>____年____月____日</td><td>营业项目</td><td colspan="2"></td><td>经营方式</td><td>□独资　□合伙　□公司</td></tr>
<tr><td>开始交易日期</td><td>____年____月____日</td><td>营业区域</td><td colspan="2"></td><td>经营地点</td><td>□市场　□住宅　□郊区</td></tr>
</table>

续表

负责人	性格	□温和　□开朗　□古怪　□自大	气质	□稳重　□寡言　□急躁
	兴趣		名誉	
	学历	□博士　□硕士　□本科　□其他	出身	
	经历		交谈	□健谈　□普通　□口拙
	思想	□稳健派 □保守派 □激进派	嗜好	（饮 不饮）酒；（抽 不抽）香烟
	优点		特长	
	不足		专业	□精通　□熟练　□一般
财务方面	银行往来	________银行 账号________	银行信用	□很好　□好　□普通　□差　□很差
	财务机构	□完备 □不完备	同行评价	□很好　□好　□普通　□差　□很差
	公司形式	□股份制公司 □有限公司	同区域评价	□很好　□好　□普通　□差　□很差
	资本额	________元	付款态度	□爽快　□普通　□尚可 □迟延　□为难　□嗜欠
	营业执照登记号码		备注	

表 7—1—3　　顾客信用监测的主要内容

监测渠道	金融机构（银行）	可信度高、费用少；但花费时间长，难以掌握全面情况及具体细节
	专业信用调查机构	调查周期短，获取资料全；但费用高、调查结果受调查机构自身影响较大
	行业组织	调查深入具体；但受限较多，有时难辨真伪
	内部调查	咨询或委托内部人了解信用状况，或从企业派生机构获得信用状况，了解情况较为真实
	公众信息	从大众传媒、社会评价与舆论等渠道易获取信息；但难以判断真伪
监测结果处理	定期报告制	每半年编报一次：规模大、信誉高的顾客（A级顾客）
		每季度编报一次：信用状况一般，信誉较好的顾客（B级顾客）
		每个月编报一次：中小顾客、新顾客、口碑不佳的顾客（C级顾客）
	紧急报告	顾客信用状况发生较大变化时，直接报告主管，不得擅自处理
确定信用限度	不提供信用限度	初次交易的顾客、信用状况不明朗的顾客
	少量信用限度	中小顾客、新顾客、口碑不佳的顾客（C级顾客）
	确定信用限度基数，可逐步适当放宽	信用状况一般，信誉较好的顾客（B级顾客）
	信用限度不受限制	规模大、信誉高的顾客（A级顾客）

三、保持畅通友好的顾客关系

1. 保持友好客情的要求

推销人员应从长计议，维护长期稳定的良好顾客关系。友好的客情是一个动态的持续进程，需要不断维护与更新。友好的客情有以下要求。

（1）对顾客更了解。进一步了解顾客的需求和期望、性格和兴趣、生产和经营等，以寻求为顾客更好的服务机会，与顾客建立稳定的关系，为推销铺平道路。

（2）让顾客更方便。让顾客更方便地获得企业的产品、服务、维修等，建立更方便的顾客与企业的联系方式。对顾客的要求作出快速反应，让顾客更方便，推销工作自然更方便。

（3）对顾客更人性化。推销人员应该重视与顾客交流的人文界面，使顾客感觉更亲切、更有人情味、更有亲和力。

（4）让服务更个性化。推销人员为顾客提供符合其个性化的产品和服务，当好顾客的顾问，提供有价值的解决方案。

2. 保持友好客情的方法

推销人员除了拜访顾客之外，还应充分利用电信、网络等现代化信息手段，来建立和加强与顾客的联系。与顾客联系的方法很多，这里只介绍以下几种。

（1）定期联络。用电话、信件或 E-mail 等方式定期与顾客通信联系。了解顾客对产品及服务是否满意，有什么看法和建议。

（2）问卷反馈。用电子邮件、电子刊物、直邮资料等多种形式发布调查问卷，收集反馈信息。

（3）在线社区。为顾客创建网络上的在线社区，包括聊天室、公告板、讨论组等，利用这种形式保持与顾客的沟通及友好客情。

（4）商务会议活动。邀请顾客参加展销、讨论等会议，参加晚会、酒会等商务会议活动，来促进与顾客的交流，加深感情联络。

任务实施

一、建立健全顾客档案

甄苗对现有的顾客资料进行仔细分析，对于没有建立档案的顾客，立即为其建档；对于档案不完善的顾客，通过走访、电话等手段迅速将其完善。甄苗自己设计了各种各样的推销表格，将获取的顾客信息填制在表格里，既一目了然，又便于整理、分类、编目、造册，也便于集中存放和查阅。表 7—1—4 截取自甄苗制作的顾客档案（部分）。

表 7—1—4　　　　顾客档案（部分）

<table>
<tr><td>顾客</td><td>漳州威力化学工业公司</td><td>地址</td><td colspan="3">漳州市××路××号</td><td>电话</td><td>0596-2546×××</td><td>代码</td><td>Xg59</td></tr>
<tr><td colspan="10">一、经营者概况</td></tr>
<tr><td>姓名</td><td>郑克俭</td><td>性别</td><td>男</td><td>年龄</td><td>43</td><td>籍贯</td><td>福建泉州</td><td>住址</td><td>漳州市×花苑</td></tr>
<tr><td>学历</td><td>大学本科</td><td>语言</td><td>汉语
闽南话</td><td>性情</td><td>温和</td><td>品行</td><td>端正</td><td>社会关系</td><td>—</td></tr>
<tr><td>配偶影响程度</td><td colspan="2">基本不影响</td><td>其他职位</td><td>无</td><td>曾前科否</td><td colspan="2">无</td><td>曾倒闭否</td><td>无</td></tr>
<tr><td colspan="10">以往信誉：这家公司的信誉一贯不错，行业内口碑颇佳，产品质量可靠，货款到账及时。</td></tr>
<tr><td colspan="4">法人代表：郑克俭</td><td colspan="3">实权者：郑克俭</td><td colspan="3">与经营者关系：</td></tr>
<tr><td colspan="10">二、经营状况</td></tr>
<tr><td colspan="2">往来银行</td><td>账号</td><td colspan="5">记事</td><td colspan="2">兑现情况</td></tr>
<tr><td colspan="2">中国工商银行</td><td>××××
××××</td><td colspan="5">—</td><td colspan="2">良好</td></tr>
<tr><td colspan="10">资金状况：☐丰裕　☑充足　☐紧张　☐短缺　☐危险</td></tr>
<tr><td colspan="10">三、付款情况</td></tr>
<tr><td colspan="10">付款态度：☑爽快　☐普通　☐尚可　☐迟延　☐为难　☐欠缺</td></tr>
</table>

二、监测顾客信息

甄苗通过金融机构（银行）、专业信用调查机构、行业组织、公众信息等渠道对漳州地区的化工企业顾客进行信用、财务等方面的监测，此外还对顾客的基本情况、经营情况、高层管理的变化情况给予高度重视，其目的是准确地评估顾客价值、保证双方的交易安全。表7—1—5 截取自甄苗制作的顾客信用调查表（部分）。

表 7—1—5　　　　顾客信用调查表（部分）

<table>
<tr><td colspan="2">公司名称</td><td colspan="2">漳州威力化学工业公司</td><td>地址</td><td>漳州市××路××号</td><td colspan="3">0596-2546×××</td></tr>
<tr><td colspan="2">负责人</td><td colspan="2">郑克俭</td><td>住所</td><td>漳州市×花苑</td><td colspan="3">电话：139××××××××</td></tr>
<tr><td>创业日期</td><td colspan="2">11 年 5 月 18 日</td><td>营业项目</td><td>精细化工产品</td><td>经营方式</td><td>☐独资</td><td>☐合伙</td><td>☑公司</td></tr>
<tr><td>开始交易日期</td><td colspan="2">11 年 9 月 6 日</td><td>营业区域</td><td>闽粤浙</td><td>经营地点</td><td>☐市场</td><td>☐住宅</td><td>☑郊区</td></tr>
</table>

三、保持与顾客畅通友好的关系

甄苗为了能与漳州地区的顾客保持良好的客情，想了很多办法，主要有：①通过打电话、电子邮件等方式定期与顾客联络；②邀请顾客参加展销会、晚会、酒会等活动，来促进与顾客的交流，加深感情联络；③采用问卷的形式，调查顾客的需求，征询顾客的建议。甄苗这样做的宗旨是为了更好地为顾客服务，倾听顾客的声音，让顾客感觉更便利，提供更为人性化的服务。

经过一年多的努力，漳州化工原料市场很大的份额被星光公司占领了。当地的化工行业里甚至流传着这样的一句话："要原料，找甄苗!"他不但挽回了公司在漳州的艰难局面，还创造了骄人的业绩，更为星光公司营造了具有亲和力的业务环境。

思考与练习

一、简答

1. 甄苗的前任推销员在建立和维护客情方面有哪些地方做得不够好?

2. 当地的化工行业里流传着"要原料，找甄苗!"的说法，这说明了什么问题，甄苗为此付出了哪些努力?

3. 还可以用什么方法建立良好的顾客关系?

二、案例分析

日本S商社的小野先生在德国的一家机械厂访问时，其总务科长——一位年轻的德国人，非常热情地招待了小野先生，细心地安排小野先生的食宿和访问行程，甚至访问结束后的观光旅游路线都设计得别具匠心。让小野先生完全没有置身异国的不适，使整个访问进行得很圆满。原来，早在小野先生访德之前，总务科长就通过各种渠道对小野先生的家庭、兴趣、爱好、生日、所属的社会团体、宗教信仰等作了详细的了解。小野先生对他的敬业精神大为感动，尽力促成了S商社与这家机械厂的合作，从这家机械厂购买了大量的设备。在此后的十多年时间里，双方始终保持着密切的业务联系。

问题：

1. 总务科长是如何与小野先生迅速建立良好客户关系的?

2. 简述建立顾客档案的意义。

任务2 售后服务

任务引入

随着星光公司在福建漳州地区化工原料市场的业务不断扩大，甄苗也遇到了新的问题。许多合作过的企业不断提出各种售后服务的要求，如漳州威力化学工业公司要求送货上门，贝塔化工厂要求提供技术咨询，漳华公司投诉褐煤蜡（蒙旦蜡）① 附着性低于上批产品，海马公司对上一批次的柠檬酸钾②不满意，要求退货……针对公司的售后服务问题，甄苗应该如何处理？

任务分析

售后服务是指产品被售出后，由销售方围绕产品为顾客提供的安装、调试、维护、质量保证、技术咨询、顾客沟通等方面的服务。它既是推销的最后一个环节，也是下一次推销的开始环节。售后服务是一个长期的过程，其服务质量评价标准是顾客的满意度。在市场竞争日益激烈的今天，售后服务已成为吸引顾客和消费者的一个重要因素。在某种程度上而言，售后服务甚至比产品本身更能对推销工作起到决定性作用。因此做好售后服务工作，全面提升自己的服务品质，依赖服务来赢得顾客并以此扩大产品销量，这在产品推销中显得尤为重要了。

相关知识

一、送货、安装维修及技术服务

1. 送货上门服务

顾客购买产品之后，可能存在运输的问题，需要商家或推销人员提供送货上门服务。这些顾客包括购买各种设备的组织顾客，也包括购买笨重家具、电器等商品的消费者（同时包括一次性购买数量很大的消费者）。一般而言，送货上门服务有两种常见形式：一是自办送货，是指用商家自备的运输工具为顾客送货；二是代办送货，是指商家委托专业的运输机构或物流公司为顾客送货上门。送货上门服务，可以为顾客提供便利服务，赢得顾客好评，提高顾客的价值感受。

2. 安装维修服务

推销人员将产品销售给顾客之后，除了送货上门服务之外，还应当视售出产品的技术要求提供安装维修服务。如推销人员出售机器设备给产业用户，或出售需要技术人员安装调试以后才可以使用的产品（如空调、家用防盗门、取暖设备等）给消费者，都需要在使用地点安装调试，所以推销人员应当通知自己的企业或商家委派专业的技术人员上门服务，免费安装并进行调试，让顾客当场使用，保证售出产品的质量。大多数的顾客缺乏某些产品的安装技术和安装条件，推销人员提供上门安装调试能够保证产品的正常运行和产品功能的正常发挥，不仅方便了顾客，而且也减少了以后的维修业务量。有的商家由于没有提供安装服务，顾客自行安装或让技术不够熟练的人员安装，往往在使用过程中陆续出现问题，这样不仅损害了顾客利益，同时也影响了商家的声誉和日后的销售业绩。良好的安装维修服务，会带给

---

① 褐煤蜡，是替代巴西棕榈蜡的一种廉价替代品。广泛用于复写纸油墨、汽车、地板、家具和鞋油的上光剂，还可用于电缆、塑料、橡胶制品、炸药、拔丝、精密铸造等。

② 柠檬酸钾，主要用做分析试剂、食品添加剂，也可制成高效复合肥料，还可用于造纸、镀金等行业。

企业良好的信誉。

例如，IBM 公司在产品售出后，首先为顾客免费安装计算机系统，如果遇到大顾客搬迁，IBM 的服务人员也会尽心尽力地帮助顾客搬迁计算机系统。麦道自动化公司设在圣路易斯的总部搬迁，为了重新安装麦道的计算机系统，IBM 的 24 名服务人员分成 3 组，一天 24 小时作业，历时 1 700 多个小时终于完成了这项巨大的系统连接工程。IBM 几十年如一日地为顾客提供优质服务，因此在世界上享有盛誉。

3. 技术咨询服务

即使产品安装调试好了，顾客在使用过程中也经常容易出现问题，导致产品不能正常发挥功用。其主要原因是产品的结构、性能、使用方法比较复杂，或是产品的技术性太强，顾客缺乏相关知识而无法熟练掌握。此时，推销人员有必要对顾客进行技术上的培训。

不单如此，企业商家可以开通一个给顾客提供咨询服务的平台，随时解答顾客在使用过程中遇到的疑难问题，为顾客提供产品的维修和保养知识。作为推销人员，还需经常走访顾客以提供便利的指导和咨询服务，这样可以大量节省企业和商家的维修费用。

二、商品质量保证服务

商品质量保证服务即三包服务，是指企业和商家在规定的使用时间和使用条件下，如果发现质量问题，应当为顾客包退、包换、包修，并承担由此产生的经济责任。推销人员在售出产品之后一般都会对顾客作出一些承诺，比如："我公司郑重承诺，凡由本公司售出产品如遇质量问题，七天之内包退，一年之内包换，三年之内包修！"对顾客作出承诺就是为了对顾客负责，保证售出产品的功能和使用价值能够圆满实现。

1. 包退

(1) 退货期限。包退服务对企业和商家的要求是很高的。推销人员如果作出包退的服务承诺，那么服务的期限应该设定得比较短。期限越长，顾客退货的可能性越大。

(2) 退货原因。第一，在规定的时间内产品存在严重的质量问题，无法正常使用，诱使顾客对产品质量及企业信誉产生怀疑并且不愿意进行维修和调换；第二，顾客购买的产品在包退期限内出现轻于前者的质量问题或外观破损，并且不愿意维修和调换；第三，在包退期限内，顾客发现该产品并不是自己喜欢的，继续拥有会使自己不舒服，并且产品无破损，不影响正常销售。

(3) 顾客心态。从表面上看，商家因包退服务蒙受损失。事实证明，绝大部分的顾客是理性的、通情达理的，不会无缘无故地退货。顾客会这样认为，敢作出退货服务，那说明产品质量是过硬的，宽松的退货政策表明了企业的实力和信誉。例如，沃尔玛专门有一个退货专柜，从不问顾客退货的原因，只要质量不出问题就直接退货。沃尔玛生意兴隆、天天顾客盈门，这就是全球最大零售商的风范。

(4) 退货原则。推销人员在销售产品时应当向顾客解释清楚退货的原则，即由于自己使用不当造成产品质量问题，是不给予退货服务的。比如销售人员告诉消费者，经常将手表放置在音响顶上，造成手表磁化，不能正常使用，这种情况不予退货。

2. 包换

(1) 包换期限。包换服务是一种时间较长的产品质量保证服务。推销人员应当向顾客讲明，在规定的时间内，如果顾客购买的产品出现质量问题，将享受到换货服务。

（2）换货原因。第一，产品在包换期间出现严重的质量问题并无法维修，企业商家应该为顾客包换同种类型或品牌的产品；第二，产品在包换期间出现有损功能正常发挥和影响产品外观的质量问题；第三，顾客由于缺乏产品知识或不了解情况而购买了不适合使用或不喜欢的产品，并且产品并没有出现质量问题，顾客要求更换另一种款式或颜色的产品，商家应接受顾客的要求。

（3）顾客心态。包换服务的吸引力不及包退，但其影响力和作用也不可忽视。顾客会考虑，虽然不能退掉产品，但起码可以在产品出现问题的情况下换到一款有质量保证的、新的产品，如果还不行，还可以再换，总有一款产品是适合自己的。这样操作会提高商家的成本，但可以免去维修的麻烦。维修不见得比换一款新产品更省钱。

（4）换货原则。现代市场竞争如此激烈，商家逐渐转向以换代修的方法，即一旦发现质量问题，不论程度如何，一律给予调换。但推销人员应当向顾客申明包换原则，如产品超出包换期限，因为使用不当、人为原因损坏等一般不在包换范围内。

3. 包修

包修服务是商家在售后服务中常见的产品质量保证形式，期限最长，通常是三年。在包修期限内，企业商家为顾客免费维修，如果超出包修期限，则会收取一定的维修费用。对于组织顾客购买的机器设备或大件普通消费品，还应提供免费上门维修服务，尽可能便利顾客。

质量再好的产品也会不可避免地出现质量问题，对产品实施包修服务，可使顾客放心购买。在产品质量相同的情况下，提供包修服务或延长包修期限，有助于增强商家的竞争优势。例如，我国的家电市场竞争异常激烈，一些家电企业甚至打出终身免费维修的服务口号，可见商家在激烈竞争中对售后服务的重视。

三、处理顾客投诉

顾客投诉是顾客对产品或服务品质不满的一种具体表现，针对推销而言，就是对推销产品或推销人员的不满。顾客投诉是任何企业、商家及推销人员都无法避免的。

1. 分析投诉的原因

（1）产品质量投诉。主要包括产品在质量上有缺陷、产品规格不符、产品技术规格超出允许误差、产品故障等。

（2）购销合同投诉。主要包括产品数量、等级、规格、交货时间、交货地点、结算方式、交易条件等与原购销合同规定不符。

（3）货物运输投诉。主要包括货物在运输途中发生损坏、丢失和变质，因包装或装卸不当造成损失等。

（4）服务投诉。针对推销人员的服务态度和工作方法而导致的顾客投诉，主要表现在：第一，服务态度差，如缺乏礼貌、用语不准或不当引起顾客误解等；第二，缺乏正确的推销方式，如缺乏耐心、不够主动等；第三，缺乏专业知识，如无法回答顾客提问、答非所问；第四，高压推销，如过分夸大产品与服务的好处、有意设圈套强迫顾客购买等。

2. 处理投诉的原则

对推销人员而言，处理顾客投诉总的原则就是要站在顾客的角度来思考问题，尽可能地为顾客着想。具体内容见表 7—2—1。

表 7—2—1 处理投诉的原则

有章可循	要有专门的制度和人员来管理顾客投诉
及时处理	推销人员应与各部门通力合作，迅速作出反应，给顾客一个圆满的解决方案
分清责任	分清造成顾客投诉的责任部门和责任人、明确处理投诉的部门和人员的具体责任与权限、明确顾客投诉得不到及时圆满解决的责任
留档分析	对每一起顾客投诉及处理都要作详细记录，如投诉内容、处理过程、处理结果、顾客满意度等

3. 处理顾客投诉的流程

推销人员应当熟悉顾客投诉的基本流程，以便为顾客提供便利化、个性化服务。处理顾客投诉的基本流程如图 7—2—1 所示。

任务实施

甄苗分析归纳了顾客的各类要求，发现漳州威力化学工业公司要求送货上门和贝塔化工厂要求提供技术咨询都属于送货、安装维修及技术服务类别，海马公司的一批柠檬酸钾要求退货属于三包服务类别，漳华公司投诉褐煤蜡（蒙旦蜡）附着性低于上次产品属于处理顾客投诉类别。

一、对漳州威力化学工业公司的问题处理

经报请公司批准，漳州威力化学工业公司订购的产品均由星光公司自备运输工具统一送货上门，产生的运输费用由漳州威力化学工业公司与星光公司按一定比例支付。漳州威力化学工业公司同意运费由双方按比例支付，对送货上门服务表示满意。

二、对贝塔化工厂的问题处理

星光公司派技术人员前往贝塔化工厂进行技术培训，甄苗本人则通过经常走访，提供便利的指导和咨询服务。贝塔化工厂得到技术培训及甄苗的不断走访指导，感觉购买星光公司的产品很便利，售后服务也是配套的。

三、对海马公司的问题处理

经调查，海马公司目前生产转型，对柠檬酸钾的需求量急剧下降，但苦于购买的这一批柠檬酸钾已经超过三包服务期限，并非属于质量问题。甄苗希望与海马公司保持更为长久的合作关系，于是报请公司批准，给予换货服务，调换另一种价款相同的海马公司急需的化工原料，只要补齐相应的运输费用即可。海马公司非常感谢星光公司的大度及甄苗的努力，为公司挽回了一大笔损失。公司领导层明确表示，日后的合作伙伴非星光公司莫属。

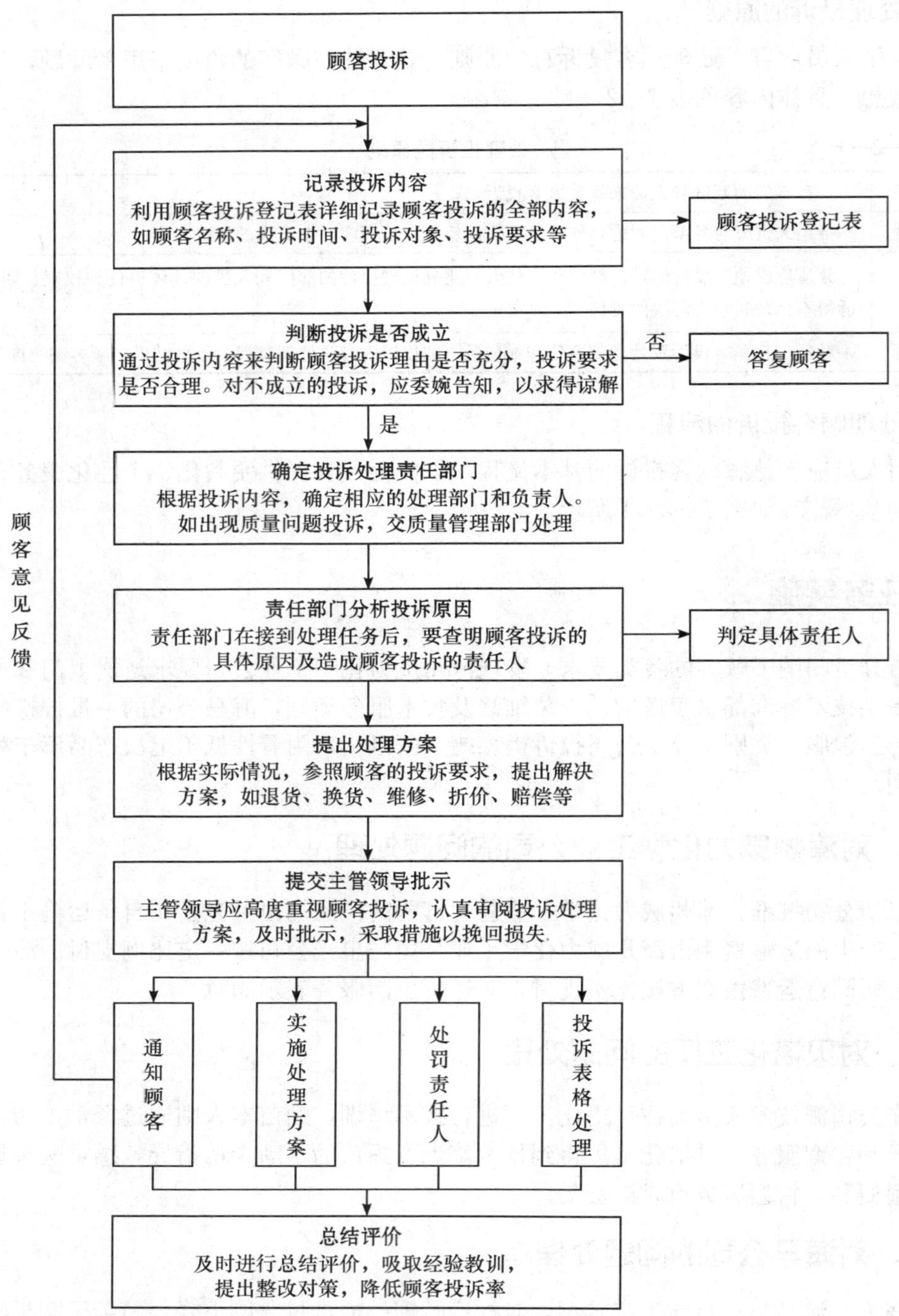

图 7—2—1　处理顾客投诉的基本流程

四、对漳华公司的问题处理

接到漳华公司的投诉后，即刻进入顾客投诉处理的流程，①记录投诉内容；②经判断，漳华公司的投诉成立，本批次褐煤蜡（蒙旦蜡）附着性的确低于上次产品；③星光公司的采购部是本次投诉处理责任部门；④由于进货渠道变化，造成本批次褐煤蜡（蒙旦蜡）附着性低于上次产品，采购部业务员小李是具体责任人；⑤提出的解决方案是给予漳华公司一定的经济补偿；⑥将解决方案提交公司领导批示；⑦将处理方案通知漳华公司；⑧针对本次投诉进行总结评价。漳华公司看到星光公司的顾客投诉服务做得及时、快捷、便利、严谨，并充分为顾客考虑，于是愉快地接受了星光公司的处理方案。决定日后将更多业务交与星光公司。

思考与练习

一、简答

1. 分析甄苗在提供售后服务时，有哪些是超出了应当服务的范围，其结果又怎样？
2. 体会甄苗个性化、便利化的售后服务有哪些特点？
3. 怎么理解“处理顾客投诉总的原则就是要站在顾客的角度来思考问题”？

二、案例分析

一天，某汽车4S店的销售顾问小蔡接待了一位怒气冲冲的顾客。该顾客一开口便火药味十足，“我要退车！当初买车时，你们承诺是全市最低价，可是我刚开到单位，同事就说同样的车型，其他店比你们店要便宜5 000元。”小蔡听了后，马上安慰道：“您先别着急，您的心情我们能理解，毕竟5 000元也不是个小数目。”顾客态度有所缓和，小蔡接着说：“可是您能详细说说，同事所说的是哪家店吗？是什么配置呢？这个价位是在什么时间公布的？”听了这些问题后，顾客的情绪渐渐平静下来。小蔡又说道：“同样的车型，因为经销商不同、配置不同、促销时间不同，都会出现价格波动。如果我们店卖的车，确实比市场行情贵了，在有确实证据（如对方的报价或宣传海报等）的情况下，我们是可以给您补退差价的。”此外，为了更好地安抚该顾客，小蔡还向领导申请，给顾客追加了一项保养优惠的服务。该顾客对处理结果感觉比较满意，不再提出退车要求。

问题：

1. 销售顾问小蔡在化解顾客投诉时，采用了哪些技巧？
2. 你还有什么更好的方案来处理该案例中遇到的投诉问题？

任务3　货款回收

任务引入

在推销员甄苗的努力下，星光公司的化工原料源源不断地销售给福建漳州地区的各个企业，销售情况看好。公司授权甄苗，在充分了解当地企业资信的情况下，可以采用赊销的方式进行销售。与他合作的企业在付款这个环节上，表现各有不同。有的企业按照协议约定及时付款，有的企业因为一些原因不能及时付款，造成货款拖欠。甄苗深知，作为星光公司的推销员有责任和义务处理这些拖欠的货款，以便为公司及时、足额地回收货款。于是他深入调查欠款企业，发现企业欠款的原因各有不同：贝塔化工厂有恶意拖欠的嫌疑，漳州威力化学工业公司由于近期流动资金周转困难造成偿付能力降低，海马公司是因为产品积压、销售不畅，造成拖欠。针对各种欠款企业，甄苗应如何回收货款？

任务分析

在现代市场经济中，企业间的竞争异常激烈，为了赢得更多的顾客、占有更多的市场份额，很多企业势必会运用赊销的方式销售产品，因此，货款回收就成为不可避免的问题。实践中，推销人员必须掌握讨债技巧，努力争取按期回收货款，避免因拖欠时间过长而发生坏账，使企业蒙受损失。造成货款不能及时回收的原因较多，这里着重探讨因顾客拖欠或拒付而造成的欠账。

相关知识

货款回收的流程如图 7—3—1 所示。

尽管对货款回收采取了种种预防措施，但也很难完全避免顾客拖欠货款的情况发生。此

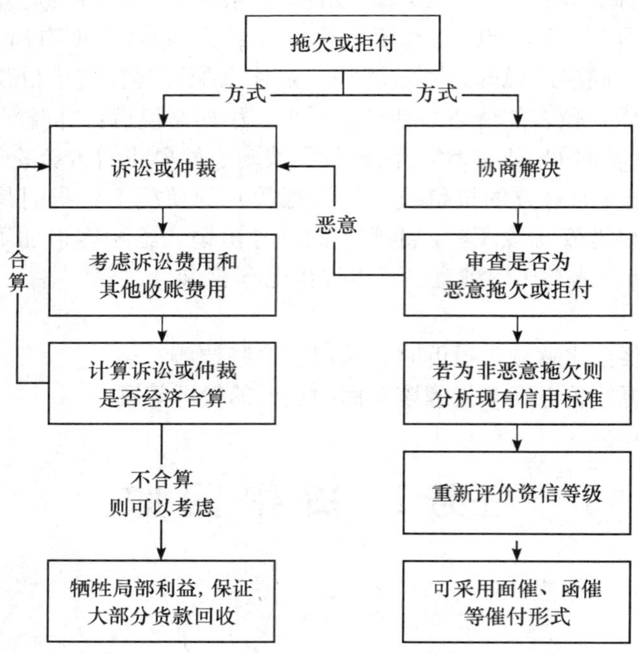

图 7—3—1　货款回收流程

时，推销人员出面讨债就显得非常必要了。

一、讨债手段

1. 利用行政干预手段协助讨债

利用行政干预手段协助讨债，是指讨债人（或债权人）在讨债过程中，通过债务人的上级领导机关对债务人进行说服教育，规劝债务人尽快偿还债务。

在市场经济条件下，政府机关不直接管理企业，但可以对企业的生产经营活动产生重要的影响，企业得不到政府的支持，生存发展将会受到阻滞。因此，推销人员可以利用政府机关的这种影响来协助追讨欠款，如果能说服债务人的上级领导出面进行干预，对于回收货款会有很大帮助。

需要注意的是，由于债务人的上级机关不能强制债务人履行债务，只能通过说服教育来督促债务人履行付款义务，所以讨债人只能将其作为其他讨债手段的一种辅助手段。

2. 利用金融机构的监督职能帮助讨债

这一手段催讨债务有两方面的意思：第一，可利用金融机构的独特地位对债务人进行规劝，说服其偿付欠款。企业开展经营活动离不开金融机构的支持，如果金融机构出面劝说，企业也需认真考虑，对催讨债务会有一定的帮助。第二，可利用金融机构的监管职能协助执行。如买卖双方以托收承付方式付款，若买方无正当理由拒付货款，银行有权进行强行划拨；又如，当买卖双方的债务纠纷已由国家仲裁机构或人民法院仲裁、判决，而一方当事人仍不履行义务的，另一方当事人可向人民法院提出申请强制执行，由法院通知有关金融机构进行强行扣款划拨。

若推销人员懂得利用金融机构的监督职能帮助讨债，对自己顺利完成讨债任务很有帮助。

3. 运用经济抗衡手段帮助讨债

运用经济抗衡手段帮助讨债，是指债权人根据双方合同（即合同双方互为债权人和债务人）应当同时履行的原则，针锋相对地迫使债务人履行债务的一种方法。

这种利用经济抗衡的讨债方法，有人称之为“自动电话”原则。不塞硬币就不能使用自动电话，所以人们必须付钱才能打自动电话。如天梭纺织厂与华美制衣公司签订一批布料的购销合同，规定付款方式为款到发货，但眼看过了发货期，仍不见华美公司的货款到账，尽管对方一再催促，天梭纺织厂仍拒绝发货。这其实就是一种经济抗衡，负有先行给付义务的华美公司如果不能如期给付，那么天梭纺织厂以推迟给付与之抗衡，直到华美公司遵照合同规定先行给付为止。

实践中，先款后货往往难以做到，除非一些紧俏的商品。有的企业或推销人员为了牵制对方，保证交易安全，对于一些成套供应的产品，扣住其中一些关键部件暂时不发，直到对方达到付款要求时才予以供应，这其实也是一种经济抗衡。

需要注意的是，此讨债手段只限于同一债务合同中，如果不是在同一债权债务关系中采用抗衡手段，债务人在某一债务中欠债不还，而债权人却在双方的另一债务中进行以牙还牙的对抗，则双方行为均属于违约行为。

4. 以中断合作关系的手段帮助讨债

目前，社会化大生产的程度越来越高，企业之间相互依赖、相互协作、相互制约的程度也越来越高，形成了一个循环的链条，其中的哪一环出现问题，其他环节就会受到连锁影响。根据这一特点，讨债人在讨债过程中，可以利用中断合作关系的手段迫使债务人尽早清偿债务。

需要指出的是，第一，这种手段只适用于欠债方如不清偿债务将会遭受到更大的损失的情况，若债务人在中断合作关系后，能另寻他途则丝毫不受影响，采用这种手段就会没有任何效果，甚至还会对再次索债造成更大困难；第二，如果对方是国有大中型企业，并且彼此之间的协作关系是国家指令性计划所规定必须执行的，讨债人和债权人则无论如何也不能中断与对方的协作关系；第三，如果债权人与债务人之间是一种协作型联营关系，讨债人或债权人也不能采取中断协作的手段来迫使债务人偿还债务。

5. 通过对债务人"输血"扶植帮助讨债

对于顾客因支付能力不足而形成的拖欠，可以通过"输血"扶植的手段来帮助讨债。常用的方式见表7—3—1。

表7—3—1　"输血"法帮助讨债的方式

方式	适用	实施
经济资助	适用于缺乏足够的流动资金而不能维持正常生产经营活动的情况	通过经济资助或为债务人提供银行贷款担保，来补充适量的资金，解决流动资金的不足，使债务人恢复生产，偿还债务
技术援助	适用于技术落后造成效益不佳，支付困难的债务人	通过技术援助来帮助债务人提高技术水平，提高支付能力，如帮助其进行设备改造、工艺改革等
物质资助	适用于缺乏必需的材料或是产品积压而导致资金周转困难的债务人	向债务人提供必需的物质帮助，扶植其能够维持正常的生产经营活动，如提供紧缺的原材料等
"软件"帮助	适用于由于管理不善造成不能清偿债务的债务人	通过帮助债务人建立一套高效科学的管理体制，使其提高经营管理水平，进而提高盈利能力，以便清偿债务
临时资助	适用于债权人没有、也不愿花费时间和精力来考虑债务人的生存和发展，只是着眼于如何能够尽快回收债务的情况	可以对债务人提供一些只有短期效应的帮助，使之能够立即收益，从而有能力清偿债务，如帮助其牵线搭桥销售产品等

二、讨债策略

推销人员在向债务人追讨债务的过程中，应当根据当事人不同的性格特点采取讨债策略，以提高讨债效果。

1. 对待“强硬型”债务人的策略（见表 7—3—2）

表 7—3—2 对待“强硬型”债务人的策略

特 点	策 略	
态度傲慢	沉默策略	做法：不卑不亢，既不与之争锋，也不软语相求，静观对方态度而不轻易开口
		好处：对手因你方的沉默而摸不清底细，会产生心理上的恐慌，从而削弱对方力量
		注意：不让对方摸清你方的底细，少说话，以静制动
	软硬兼施策略（又称鹰鸽策略或黑白脸策略）	做法：将清债班子分为鹰鸽两派（黑白脸），在清债过程中强硬与温和两者结合使用，软硬兼施
		好处：利用人们避免冲突的心理弱点，在多数情况下能够奏效
		注意：鹰鸽两派必须配合默契，切忌无中生有、胡搅蛮缠

2. 对待“阴谋型”债务人的策略（见表 7—3—3）

表 7—3—3 对待“阴谋型”债务人的策略

特 点	策 略	
常利用一些诡计或借口拖欠债务	反“车轮战”策略	背景：对方采用不断更换接待人员的“车轮战术”，使债权人筋疲力尽，作出某种让步
		做法：①及时揭穿对方诡计，敦促其停止车轮战术；②对更换的人员置之不理，挫其锐气；③对原经办人紧追不放，采用各种手段使其不得安宁，促使其主动还款；④对负责人施加压力，不给其躲避机会
	“兵临城下”策略	做法：对债务人采取大胆的胁迫做法，迫使其还款
		好处：以其人之道，还治其人之身，对“阴谋型”的债务人时常有效
		举例：针对一笔较大的欠款，派出十几名清债人至债务人办公室进行追讨，造成一定的声势

3. 对待“合作型”债务人的策略（见表 7—3—4）

表 7—3—4 对待“合作型”债务人的策略

特 点	策 略 （总的策略是互惠互利）	
合作意识强，重感情，一般不愿破坏已有的合作关系	假设条件策略	做法：在清债过程中，向债务人提出一些假设条件，用来探知对方意图
		好处：比较灵活，使索债在轻松的气氛中进行，利于互惠互利，达成协议
		注意：假设条件应在了解债务人打算和意见的基础之上提出
		举例：假如我方再供货 1 000 吨，前面的款项可以结多少？
	私下接触策略	做法：清债人员有意识地利用空闲时间，主动与债务人一起聊天、娱乐，进而实施讨债
		目的：增进了解、联络感情、建立友谊
		好处：可以从侧面促进清债的顺利进行，气氛宽松愉快

4. 对待“固执型”债务人的策略（见表7—3—5）

表7—3—5　　对待“固执型”债务人的策略

特　点	策　略	
坚持所认定的观点，反感新主张、新建议，喜欢照章办事，有种坚持到底的精神	试探策略	做法：利用试探性问题，观察对方反应，据此判断对方的真实意图
		注意：试探其权限范围　①对权力有限的采用速战速决法，不与之浪费时间，直接找其上级；②对权力较大的采用冷热战术，一面对其施加多种形式的压力，一面想方设法恢复常态
		举例：提出一个公平合理的债务解决方案，若对方抵制，就可采取硬性方式清偿（如起诉）；若反应温和，说明有协商解决的余地
	先例策略	做法：对债务人列举已经还款的其他例证向其说明后果，促使对方改变看法
		好处：鲜活的例子有利于影响和触动对方
		举例：向债务人出示与其他债务人达成还款的协议、法院的判决书等，促使其清偿债务

5. 对待“感情型”债务人的策略（见表7—3—6）

表7—3—6　　对待“感情型”债务人的策略

特　点	策　略 （总的策略是利用债务人的情感特点及弱点制定相应对策）	
性格温和、与人友善，回避进攻、怕冲突，能迎合对手的兴趣，在不知不觉中说服对手	以弱为强策略	做法：以较低的姿态向对方提出还款请求
		注意：多培养“谦虚”的习惯
		举例：我们企业现在资金特别紧张，工人已经两个月没有发工资了，您看能不能先把上一批货款清掉
	恭维策略	原因：这类债务人特别爱惜名誉，希望得到债权人或外界的认可
		做法：多讲赞美、恭维的话，先给对方戴上高帽
		举例：你们领导很有魄力，把企业经营得有声有色，以后的发展肯定不成问题
	在不失礼节的前提下保持进攻	做法：创造公事公办的气氛
		注意：①不与对方打得火热，在感情方面保持适当的距离；②注意礼节，切勿激怒对方，撕破脸皮
		举例：这批欠款拖欠了这么长时间，利息谁来承担呢？

6. 对待“虚荣型”债务人的策略（见表 7—3—7）

表 7—3—7　对待“虚荣型”债务人的策略

<table>
<tr><th>特　点</th><th colspan="2">策　略</th></tr>
<tr><td rowspan="7">自我意识强、注重面子、好表现、好浮夸，对别人的暗示非常敏感</td><td rowspan="2">顾全面子策略</td><td>做法：不要在大庭广众之下提及债务问题，以满足债务人的虚荣心，可通过单独交谈来索要欠款</td></tr>
<tr><td>注意：①将顾全面子的做法告诉对方，使其明白我方的苦心；②如果债务人有意躲债，即利用其顾全面子的特点，与其针锋相对，不顾其情面</td></tr>
<tr><td rowspan="2">制约策略</td><td>做法：对其承诺做记录，对达成的还款协议及时立字为据</td></tr>
<tr><td>注意：应有戒心，避免对方反悔或否认</td></tr>
<tr><td rowspan="3">以熟悉的事物展开话题</td><td>做法：以债务人熟悉的事或人作为话题</td></tr>
<tr><td>好处：可以为对方提供自我表现的机会，趁机了解对方的爱好与相关资料</td></tr>
<tr><td>注意：债务人的种种表现可能存在虚假性，切忌上当</td></tr>
</table>

三、讨债技巧

1. 兵马慎动，策略先行

讨债要讲究计划、步骤，一般分为准备、软磨、强攻、扫尾四个阶段。在准备阶段，表面上要注意保持与债务人的友好关系，同时抓紧摸底、多方取证，为今后的催讨、诉讼收集证据材料。在软磨阶段，主要通过函催、面催等形式，以努力探清债务人的真实程度与个性品质为目标，同时要注意防止延误约定或法定时效。在强攻阶段，彼此公开对立，甚至诉诸法律，同时要注意尽量不要让局面陷入僵局。在扫尾阶段，是非已经清楚，关键在于执行，要防止债务人转移财产，造成执行困难。

2. 出其不意，以快制胜

讨债要行动迅速，争取主动，防止债务人做好应付讨债的各种准备，同时也要有效防止以下事态和意外情况的发生：当事人中断承包、租赁、联营协议；当事人辞职、退职、退休、解聘；企业被兼并或破产倒闭、法人代表更换而新负责人推托不管；债务人将资金转入其他账户，难以查询或冻结；将自有产品转移、处理，难以拿走抵债；债务人故意拖延，超过法定或约定诉讼期限，或者超过商品保质期、保修期、申请合同仲裁等有效期限；债务人找到各种社会关系（上下级、老同事、老同学等），利用人情或行政干预手段为讨债制造阻碍；市场行情突变、价格大跌，原价讨回的抵债物大大贬值等。

3. 抓住把柄，攻其要害

有时债务人会寻找各种借口企图抵赖，左推右闪，拒绝偿债。此时，讨债人要进行深入细致的调查，盘根究底，依据对方个性特征采取相应的对策，抓其把柄，攻其要害。

4. 保本舍末，勿多苛求

现代市场竞争激烈，企业经营大起大落，很难预料。讨债人必须密切关注和研究市场行情，在预见行情不利或下跌的情况下，应以约定期限内不罚利息、不要或少要违约金等为条件，劝诱对方迅速归还本金，以保住“大头”。避免因在小节上纠缠不清，丧失讨债的良好时机。

5. 多说少写，文武兼施

讨债人义正词严，咄咄逼人，有较大的威慑效果和瓦解作用。只要不伤害债务人自尊、体面，多说几句、调子高些也无所谓。但讨债文书或诉状却要用词严谨、简洁明了。

6. 法理情义，同步相逼

讨债时要注意“文武之道，一张一弛”。一方面要维护本企业的利益，与债务人讲道理、摆事实，必要的时候可以通过法律或行政手段来追讨债务，以达到最终迫使对方偿债的目的。另一方面也要顾及与对方的业务关系、以往友情和对方目前的困境，对债务人表示同情，并可采取一些措施来帮助对方解决偿债困难，如给予经济、技术、物资、管理等方面的资助；协助对方解脱连环债务，配合对方催讨其债务，回收的债款首先归还我方；协助对方寻找产品销售出路，以销售款还债等。

顾客常见逃债借口及应对技巧见表7—3—8。

表7—3—8　顾客常见逃债借口及应对技巧

常见借口	分析	应对技巧
支票已经寄出去了	这是最常见的借口，也是结算诈骗的惯用手法	请对方拿出寄支票的复印件，核对抬头、账号、地址是否有误
		联系对方开户行（支票签发行），求证是否已经寄出 如果签发行不配合就更要小心（这可能是一次银行、客户的联手诈骗）
		联系自己的开户行，确认钱是否收到
计算机故障，无法打印支票	常见于大客户，如：正规企事业单位、酒店等； 如计算机真出现问题无法打印支票，不但结算支付不了，采购生产也因此受影响，对方的财务部门一定会通知修理人员尽快维修	向对方财务部人员询问是否确有其事
		对方能否明确：大约什么时间可以修好
		询问对方修好计算机后，结算时还需要提供哪些凭证，免得成为下次的新借口
		与对方约好再来收款的具体时间
最近资金紧张	加强对客户信用的跟踪评估	向客户的其他供应商及其员工了解是否确有其事
		如若客户所言属实——资金确实紧张，就要进一步搞清楚是一时的周转问题，还是经营出现了危机
		对信誉不佳，故意以资金紧张为借口不结算的客户或经营的确面临危机的客户，要加紧催收，了解他的上下级单位（可否追索），了解他的固定资产（实物抵债）
最近太忙了，而且没有收到对账单	最常见的借口	及时对账，把账单亲自送交给客户，如果是传真，要在传真上写清“共几页”等字样，避免成为对方逃债的借口

续表

常见借口	分析	应对技巧
1个月后有一大笔进账，届时可以还款	基本上是借口，借机拖延一个月的时间	加紧催收，对该笔未来进账进行详细问询和调查跟踪
对产品（服务）不满	如果产品（服务）真的有问题，那么责任在己方；但这不是客户不结算的理由，最多是退货的理由	首先确认己方的产品/服务是否真的有问题
		如果客户对产品（服务）真的不满意，可建议对方申请退货
		向对方表明态度：如果不愿意退货的话，就不能把对产品（服务）的不满，作为不结算的理由
公司有规定：××天内付清	多见于大客户，信誉度较高，但有自己的结算周期	尽可能在对方的结算计划中挤上“头班车”，同时应充分了解对方的结算要求：如需要提供的文件（发票付运证明等），提前做好相关准备

任务实施

一、对贝塔化工厂的欠款处理

甄苗通过各种渠道调查，得知贝塔化工厂有恶意拖欠的嫌疑。多次催讨，在与对方协商未果的情况下，上报星光公司。公司经过测算，由于贝塔化工厂欠款数目较大，值得通过诉讼的方式解决其货款拖欠问题。甄苗在诉讼期限内，代表星光公司向漳州市某法院提出诉讼请求，要求法院就贝塔化工厂恶意拖欠货款一事作出判决。

贝塔化工厂得知星光公司起诉己方恶意拖欠货款后，及时与星光公司协商庭外解决，并且即刻支付了60%的货款，并承诺剩余欠款在两周内结清。

二、对漳州威力化学工业公司的欠款处理

甄苗与漳州威力化学工业公司的合作关系一直顺利，其资信状况、业内口碑都是不错的。本次该公司超过信用期限，没有偿付货款，经了解，其原因是近期流动资金周转困难，造成正常的生产经营活动受阻，暂时无力支付货款。

甄苗将此情况反映给星光公司领导，经过商议决定，对信誉一向良好、有发展潜力的漳州威力化学工业公司提供银行贷款担保，来补充适量的资金，解决流动资金不足的现状，使其尽快恢复正常生产，以便偿还星光公司的债务。

星光公司为漳州威力化学工业公司提供担保，使其得到银行贷款，解决了流动资金不足的现状，很快就恢复了正常生产，并在短时间内还清了星光公司的债务。

三、对海马公司的欠款处理

通过调查，发现海马公司之所以拖欠货款，是因为产品积压、销售不畅，造成暂时无力支付货款。甄苗针对该情况，决定对海马公司实施“输血”扶植，利用自己在化工业圈内的

销售网络、各种朋友关系，帮助其牵线搭桥销售产品，以便从对方的销售款中优先支付星光公司的货款。

海马公司在甄苗的帮助下，打开了销售局面，积压产品迅速销售出去，并顺利地偿还了所欠款项。

思考与练习

一、简答

1. 分析并简述甄苗在三家企业货款回收问题的处理上，有哪些值得借鉴的？
2. 对恶意拖欠的货款，你有什么更好的讨债方法？
3. 对待不同性格的债务人，推销员如何有效地制定讨债策略？

二、案例分析

飞鱼水泥厂欠大华商用办公设备公司一笔计算机货款已有两年，其间，大华公司的推销员贺平先后5次前往飞鱼水泥厂索要欠款，但均未成功。事隔一个季度，贺平第6次前往飞鱼水泥厂要账。他到了厂区，经过观察，并与对方交流，得知飞鱼水泥厂已接近停产。

贺平赶紧提到还款一事，对方说："要钱没有，库房内有积压的水泥可以抵账。要不要这批水泥，你们看着办。"贺平立刻请示大华公司领导，并向领导汇报，领导授意要下这批水泥。抵账的水泥拉不出去卖不掉，结果大华公司吃了不少亏。

一个月后，事有凑巧，当大华公司为要下的这批水泥发愁时，当地政府实施了一项"村村通公路"的普及工程，需要大量的水泥，大华公司的这批水泥以较好的价格很快销售一空。后来经过各种渠道的消息证明，飞鱼水泥厂的所有债权人当中，大华公司的损失最小。

问题：

1. 试想如果大华公司不要下这批水泥，后果会怎样？
2. 如何理解"保本舍末，勿多苛求"这句话？